『道徳教育』PLUS

考え、議論する道徳をつくる

新発問パターン大全集

『道徳教育』編集部 編

※本書は、「道徳教育2017年10月号」を増補、編集して作成したものです。

明治図書

特別寄稿 しなやかな発問を生かして新時代の道徳授業をつくろう

東京学芸大学教授　永田　繁雄

授業の質的改善は発問の柔軟な発想から

　平成から令和に時代が変わり、小学校段階では「特別の教科」である道徳科が名実ともにその実質化への着実な歩みを始めました。その合言葉は「考え、議論する道徳」の実現であり、授業の一層の質的改善を図ることです。合言葉の主語はもちろん子どもです。子どものアクティブで活力のある学びが今こそ求められているのです。

　ところが、従前は、ややもすると、道徳授業の発問が一面的、形式的で、「登場人物の心情を理解させるだけの型にはまったものになりがち」であったといわれます。授業で繰り出される発問が順接的な心情読解にも似た小さな国語のような傾向が強かったからです。

　道徳授業の質的改善への最大のカギ、それは、発問です。道徳授業において、発問は教師による最大の「仕掛け」であり、豊かな学びの「推進力」にもなります。道徳授業の成否は、教師の発問発想力、授業構想力に大きく左右されるのです。

　本書の目次をご覧ください。本書には、その発問発想力を高めるための手掛かりやヒントとなる発問のパターンが広く集結し、手引きのような形で編集されています。ぜひ、授業の局面や段階に即して、また、子どもに仕掛けようとする意図に応じて、効果的な発問を生み出すために、本書を重要な手がかりとしてフル活用してみたいものです。そして、子ども自らが「考え、議論する道徳」の力強い学びを生み出していきましょう。

問い続ける子どもを、教師の柔軟な発問力で応援する

　では、子どもと教師の発問とはどのようにつながっているのでしょうか。

　子どもは、常によりよい自分になろうとして、様々なことを問い続けています。発問とは、本来、そのような子どもの問いを、教師が代わりに投げかけてあげるものだといえます。道徳授業は、問い続ける子どもを学習を通して応援する時間でもあるのです。

　また、発問によって子どもの疑問などが呼び覚まされます。発問とは、子どもが教材などの道徳的問題に対して内面から発するこだわりやジレンマなどを教師が束ねて、子ども全体に問いかけるものだといえます。

　その際に、授業に臨む私たち自身が発問のパターンを多彩に心得ておくことは、場に応じて

臨機応変に開ける引き出しをそれだけ多く手にしていることになります。子どものしなやかな思考を促すためには、私たち自身がしなやかな発想に立って、発問を繰り出すように努めなくてはなりません。例えば、発問について、次のようなマルチな思考をもつようにします。

●**場面に依拠した発問と、テーマにかかわる発問の両面を生かし合う**

　一つは、教材のある場面に着眼した発問（主として「場面発問」）と、全体的なテーマや問題、意味、子ども自身の意見などを問う発問（主として「テーマ発問」）の両面から発問を広く発想し、生かし合うことです。そうすることで子どもの学びは開かれていきます。

●**発問の大きさを意識して、小さな発問から大きな発問まで生かす**

　また、発問には多様な大きさがあることを心得ておきます。例えば、下図のように、場面のみならず、人物そのものへの問い、教材のもつ意味やテーマ性への問い、さらには、主題にも重なる価値を問うというように、発問には様々な視野の広さがあります。

場面を問う……教材中の人物の気持ちや行為の理由などを問う
人物を問う……教材中の登場人物の生き方や行為の在り方などを問う
教材を問う……教材のもつ意味を問い、教材についての意見をもたせる
価値を問う……主題となる価値や内容について、直接問う

図：登場人物や教材についての「発問の大きさ四区分」

●**多面的な視点に立つ発問と多角的な視点に立つ発問の違いを意識する**

　さらに、多面的な発問と多角的な発問の違いをあえて意識することです。

　今、道徳科の目標では「多面的・多角的」な思考が重視されています。この「多面的」思考と「多角的」思考を分ける発想も大事にするのです。その区分には様々な見方がありますが、例えば、社会科で従前より言われてきた視野に立つならば、次のような区分が可能です。

　「多面的」な思考を促す発問……理由や原因などを「分析的」に見ることができる発問。例えば、主人公の気持ちや行為の意味を明らかにしようとする発問など。

　「多角的」な思考を促す発問……自身の意見に基づき「選択的」にアプローチできる発問。例えば、自分だったらどうするか、どのように考えるかを大事にした発問など。

　これらの厳密な区分は難しいですが、このように「分析的」なアプローチと「選択的」なアプローチをあえて分けることで、私たちの発問を発想する視野が大きく広げられます。

授業の各段階や局面に即して効果的な発問を仕掛ける

　その上で、授業の展開に即して発問の適時性を心得ていくことも重要です。発問は子どものアクティブな思考を促しますが、それは、展開の各段階や局面によってその生かし方が異なってきます。授業の各局面を意識するならば、例えば、次のような発問群が考えられます。

●子どもの「問題意識」を生み出す発問群

　まず、主に導入などの授業の入り口で生かされる発問群です。導入で授業の半分またはそれ以上が決まる。そう言っても過言ではありません。発問によって子どもの問題意識を強く喚起できれば、それが学習の追求エネルギーにもなるからです。そこでは、子どもの疑問や気がかり、問題のありかを意識化できるようにします。また、現在の価値観への揺さぶりや情報の提示などで問題がクリアになるような発問をするのも効果的です。

●教材と向き合うときの「発問の立ち位置」を生かす発問群

　また、子どもが教材と出会い、その中でテーマや主人公の問題や価値、生き方などを追求する際、教材とどのように向き合うか、どんな位置に立つかが重要になります。小さな国語になりがちな心情読解的発問に偏ることなく、「発問の立ち位置」を変えることで、授業は一層活力のあるものとなります。そのことを、私は下の図のように整理して、区分するように努めてきました。

　まず、この横軸は、子どもが主人公に自分を重ねるか、それとも離れた視点から客観的に見るかの距離感を表します。

　一方、縦軸は、主人公の内面や行為の理由などを明らかにするか、自分自身の考えを明確にするのかの発問の意図の違いが対極になっています。

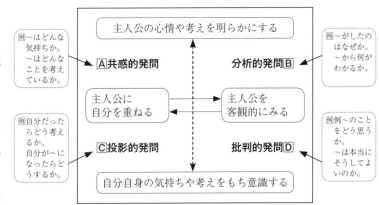

図：主人公や教材に対する「発問の立ち位置・四区分」

　これらの縦横の区分によって「発問立ち位置・四区分」が生まれ、それぞれ主人公や教材にどんな立ち位置で向き合うことになるのかで、発問の在り方が変わってきます。本書では、この区分の考えを生かして、教材と向き合う多様な立ち位置をアレンジしつつ、多くの引き出しを示しています。ぜひ、上の図と重ねて理解し、生かしてみてください。

●考えの発展的な深まりを促す補助的な発問群

　また、発問には「揺さぶり」や「問い返し」「切り返し」と呼ぶような、子どもの思考にさらなる揺り動かしをかける発問があります。「本当にそれでよいのか」「もしも〜だったらどうするか」というように、効果的な補助発問によって、子どもの思考がさらに活性化し、深い学びにつながるきっかけとなります。

●子どもの「納得解」を自己の価値観につなげる発問群

　さらに、道徳授業では、子どもが道徳的な問題や価値を自分のこととして直接問うための発問群も駆使されます。道徳授業はみんなの共通の正解を見出すような問題解決を直接の目標とはしていません。一人ひとりが自己に向き合い、自分自身の中にある「自分だけの納得できる正解」、いわゆる「納得解」を見出すことがその中核となるからです。そして、その「納得解」が子ども自らの豊かな価値観となっていくのです。そのための振り返りや、考えの明確化、さらには整理するための発問も生かされます。

　その際、重要なのは、そのための発問を固定的に考えず、柔軟にすることです。「主人公と似ているところは何か」「大事にしたい考えが見つけられたか」「自分にとっての宝物は何か」などと、柔軟な発想で意欲のわくような問いかけ方の工夫をしてみるのです。また、経験を想起させるものと固定的に考えず、ワークや自分チェック、イラスト化など様々な方法を生かしながら発問することも考えるようにします。

多彩な発問を子どもが問題追求する流れに仕立てる

　発問は、このように、多様な角度から発想されます。授業では、それらが連結することで子どもの学習過程になります。その際、もしも、発問がそれぞれ単発に繰り出されるだけならば、それは、教師が誘導するだけの感覚に陥りかねません。発問の組み立て方を子どもの視点に立っていかにアレンジできるかが、授業づくりの最大の山場になります。今、求められるのは子ども自らが「考え、議論する道徳」のための授業展開です。発問を学習過程として仕組む場合、最も重要なのは、「教師の教える過程」とするのではなく、「子どもの問題追求の過程」として、子どもの思考の流れを予想し、それに重ねるようにして展開を仕立てることです。

　教材は子どもにとって「生もの」であり、授業は「生き物」です。それは、道徳授業であればなおさらです。教材を料理する教師が至れり尽くせりの「お膳立て」をし、子どもにその上の料理を順次食べるように促すのではなく、ときには子ども自らが料理をして、お膳さえもつくりたくなるように仕掛けていくのです。そのためには、子どもの意欲を高め、心を動かし、子どもが動き出したくなる発問を私たちが幅広く発想し、柔軟に生かすことが大切です。そのためにも、私たち自身が本書を生かすなどして、その引き出しを多彩にもち、発問発想力に常に磨きをかけていけたらと願っています。

目 次

特別寄稿

しなやかな発問を生かして新時代の道徳授業をつくろう

東京学芸大学教授　永田繁雄

第1章　多様な発問による授業づくり

発問づくりの基礎基本 …… 10
発問のバージョンアップ―問い方のバリエーションを増やす …… 14
子どもの問題追求に向けた発問の活用―教える流れからの脱却 …… 18

第2章　「考え、議論する」道徳をつくる新発問パターン50

問題把握の発問

○○（□□）について知っているか …… 24
○○（□□）についてどう思うか …… 26
○○の経験はあるか …… 28
○○（□□）と言ってイメージすることは何か …… 30
心に残った場面はどこか …… 32
みんなで話し合いたいことは何か …… 34
ここでは何と何が問題になっているか …… 36

教材と向き合う発問（共感的発問）

○○はどんな気持ちか	38
○○はどんな思いで〜しているのか	40
○○のとき、同じ気持ちになったことはないか	42

教材と向き合う発問（分析的発問）

本当の□□とはなんだろう	44
□□は本当に大切なのだろうか	46
○○の心を支えたものは何か	48
○○がそうしたのはなぜか	50
○○と○○の考えはどんな違いがあるのか	52
AとBではどちらが□□か	54
自分は□□についてどう考えるか	56

教材と向き合う発問（投影的発問）

自分が○○ならばどう考えるか	58
自分ならこの場面でなんと言うか	60
自分なら○○のようにできるか	62

教材と向き合う発問（批判的発問）

○○がしたこと（行為）をどう思うか	64
○○の生き方をどう思うか	66
この□□（価値）をどう考えるか	68
○○は本当にそうしてよいのか	70
○○に心打たれるのはなぜか	72
○○にどんなことが言いたいか	74
この話に納得できるか	76

考えを一層深める発問（補助発問等）

○○さんの考えに対してみんなはどう思うか	……78
それでいいのか？（先生は○○だと思う）	……80
人間としてどうあるべきか	……82
他に考えるべきことはないか	……84
逆に考えたらどうか	……86
分けて考えたらどうか	……88
ここに何かを加えたらどうか	……90
もし、○○の場合だったらどうか	……92
登場人物はどうしたらよかったか	……94
もっとよい解決方法は何か	……96
自分が同じようにされてもよいか	……98
いつ、どこで、誰に対してもそうできるか	……100
演じてみてどう感じたか（役割演技）	……102
演じた人を見てどう感じたか（役割演技）	……104

自分を見つめる発問

同じような経験をしたときどう思ったか	……106
あなたは登場人物（○○）と似ているか、違うか	……108
登場人物にどんなことを伝えたいか	……110
あなたの生活に生かせそうなことは何か	……112
～するのに大切な心はなんだと思うか	……114

価値を把握する発問

一番心に残ったことは何か	……116
一番大切だと思ったことは何か	……118
友達の考えで印象に残ったのは何か	……120
新しい発見があったか。あったとすればそれは何か	……122

※本書における発問の区分けは、主に東京学芸大学教授・永田繁雄先生の『道徳教育』誌での連載「新・道徳授業論」を参考にさせていただきました。

第1章
多様な発問による授業づくり

発問づくりの基礎基本

 ## ぶれない発問づくりのために

「中心発問で話し合いが活発にならなかった」、「ねらいとする内容にまで至らない発問構成だった」など、若手の教師たちから発問とその構成に関する反省の言葉を聞くことがあります。その多くが、発問の工夫に気をとられ、授業全体を見通せない「木を見て森を見ず」の状態に陥ってしまったことに起因しているように思えます。

「ぶれない発問を構想するためには、そこに至るまでの段階を重視する」というのが、私の基本的な考えです。教材とねらいとする道徳的諸価値に対する見方や考え方を、教師自らの自我関与を通して明らかにすることを経なければ、子どもたちが主体的に考え、議論する道徳科の学習を構想することはできません。

本節でも、STEP3から5までは発問づくりそのものについてですが、STEP1と2についてはその前の段階です。この二つのステップを踏まえることで、本時の学習のポイントをとらえて、ぶれない発問を構想することができると考えます。

 ## STEP1　内容項目の解説を熟読する

発問を構想する際に、私たちは、つい「中心発問をどうするか」ということに意識が向きがちです。しかし、教材文から本時の学習で最も問いやすい場面を見つけることだけにとらわれてしまうと、実際の授業では、「子どもの反応がぶれた」とか、「教師の発問と子どもたちの反応とがかみ合わなかった」という状況に陥りがちです。

発問を構想する前に、まず、本時の学習における内容項目とその解説をしっかりと読むことが大切です。同じ内容項目でも、低・中・高学年では、そこに含まれる道徳的諸価値の質や深さが異なります。学習指導要領解説や書籍などを熟読することを通して、本時の学びのポイントとなる部分をつかんでから発問の構想に入りましょう。

参考となる書籍としては、『平成28年度版　小学校新学習指導要領の展開　特別の教科　道徳編』（明治図書）が挙げられます。それぞれの内容項目のポイントが、わかりやすくまとめられています。

STEP2　ねらいとテーマを設定する

　内容項目の解説を熟読し、本時の学びのポイントとなる部分をつかんだら、そこからもうひと手間を加えましょう。それは、本時の学習のねらいと、子どもたちに提示する学習テーマを設定することです。

　本時のねらいをつくることができるということは、本時の学習で外してはならないところを、教師自身がきちんと踏まえられているということです。また、本時の学習テーマをつくることができるということは、本時の学習の方向性について、具体的なイメージをもって子どもたちに提示できるということです。

　この二つを設定した上で中心発問をつくることで、本時の学習を、一本筋の通ったぶれない展開にするための基盤ができるのです。

 ## STEP3　中心場面をとらえて発問をつくる

　ここでようやく発問づくりに進みます。まずは、本時の学習のポイントとなる中心場面をとらえます。中心場面を把握するためには、教材をいくつかの場面に区切ってみましょう。「紙芝居にするなら何枚になるかで考えるといい」とよく言われます。すると、STEP1と2で明らかになった、道徳的問題の所在が表れている場面が見えてきます。そこが、本時の中心場面になります。

　ここで注意してほしいのは、「中心場面は、だいたい教材文の最後の方かな」と安易に考えてしまうことです。中心場面が教材文の中盤あたりにあることは、決して珍しいことではありません。あくまで、ねらいと学習テーマに照らして中心場面をとらえるようにしましょう。

　その上で中心場面での問いである中心発問を構想します。中心発問をつくる上でのポイントは、次の2点に絞って考えることができます。

❶子どもたちの考えよりも、一段深い問いをつくる

　中心発問では、「子どもたちが考えたくなるような発問を」と言われることがありますが、そのために欠くことのできないポイントが「一段深い問い」だと考えます。では、どんな問いが一段深い問いなのでしょうか。

　私は、「子どもたちが教材を読んだときに、初発の感想ではたどりつかないような考えを誘う問い」だと考えています。

　道徳科の学習で、教材範読後に感想交流を入れることがあります。子どもたちが教材について感じ、考えたことを交流するのですが、その中で出される意見と同じような反応しか出てこ

ないようなことを中心発問として設定しても、子どもたちは考えることも議論することもないでしょう。

　逆に、感想交流で、子どもたちが「なぜ、○○なのだろう？」と、本時のテーマに照らして疑問に思う内容があります。それこそが、一段深い問いとして中心発問を構想できる部分なのです。一つ目のポイントをクリアするために大切なのは、子どもたちの反応の的確な予測なのです。

❷主人公の生き方を支えた思いに考えが及ぶような仕掛けを発問に加える

　一つ目のポイントで示したように、主人公の心情を表面的にとらえることは、初発の感想で十分可能です。そこから一歩踏み込んで、主人公への自我関与や問題解決的な思考、体験的な活動などを通して、内容項目に含まれる道徳的諸価値を自分との関わりで考え、判断できるような発問が望ましいと考えます。

　具体的には、
- なぜ、主人公は○○な行動がとれたのだろう
- 主人公はどんな思いでこういう判断をしたのだろう

などの発問が考えられます。
　そして、これらの発問に、
- 主人公の行動（生き方・判断）を支えた思いに迫ろう

という追求課題を加えます。中心発問によって子どもたちにより深い思考を求めたいわけですから、単に行為の判断や心情を問うだけではなく、その奥にある思いに迫ることを促すのです。人間の行為の奥にある思いを、自我関与や体験的な活動を通して考えたとき、本時の内容項目だけでなく、様々な道徳的諸価値との関連から見つめることができます。この追求課題を加えることで、多様な視点から子どもたちが考えることを可能にするとともに、本時のねらいやテーマからぶれない発問となるでしょう。

　子どもたちが一見しただけでは考えの及ばない、でも、主体的に自分との関わりで考えたり、友達との対話を通してそのよさを認めあったりすることで、道徳的諸価値に関する理解を深めることができるような問いこそが、中心発問としてふさわしいと言えます。

💬 STEP4　学びを自分に返す発問をつくる

　中心発問の次に考えたいのは、本時の学びを現実の世界に返す場面、いわゆる展開後段での発問です。

　ここでのポイントは、「中心発問で見出された子どもたちの考えを、現実の世界に照らし合わせ、考えを深めたり広げたりできるような発問にする」ことです。私は、この場面の発問は、

・自己の生き方を見つめ、考えを深める
・社会との関係において広げ、一般化する

の、どちらかになると考えます。

例えば、「得意なことを伸ばすためには」というテーマの学習では、「自分の得意なことを伸ばすために、あなたが大切にしたいのはどんなことですか」として、自己の生き方を見つめ、考えを深める発問が考えられます。

また、「きまりがあるのは何のため」というテーマの学習では、「身の回りにあるきまりは、何のためにつくられているのかを考えてみましょう」として、現実の社会への広がりや一般化を図る発問が効果的です。

本時の内容項目がAやDならば、自己の生き方への考えを深める発問、内容項目がBやCならば、社会との関係に広げ、一般化する発問を設定すると、テーマとの整合性がとれた展開後段になるでしょう。

💬 STEP5　導入から中心発問に至るまでの発問をつくる

最後に、導入での発問と中心発問に至るまでの基本発問をつくります。

導入は、主に本時のねらいについての子どもたちの現状認識を明らかにする場面です。「価値への方向付けを図る」と言われるのがこれにあたります。

導入は、できれば5分程度に収めたいので、「あなたの得意なことは？」や、「早く〇〇しなさいと言われるのはどんなとき？」といった、子どもたちがあまり身構えないような軽い感じの問いが好ましいと思います。あるいは、事前にとっておいたアンケートなどを活用してもよいでしょう。いずれにせよ、この導入での発問から、本時のテーマを設定して学習を進めるわけですから、ねらいに基づいた発問となっているかを必ずチェックしておきましょう。

また、中心発問に至るまでの基本発問は、必要最小限の数に抑えます。だらだらと基本発問が続いた挙句、中心発問での話し合いがわずか数分となったのでは、本末転倒です。ポイントは、「中心発問で考え、議論するために欠くことのできないものに絞る」ことです。できれば一つ、多くても二つでしょう。

私のお勧めは、基本発問で問う内容を、すべて感想交流で完結させてしまう方法です。STEP3でも述べましたが、最初に感想を交流することで、中心発問に至るまでの心情理解や状況の把握は十分に達成されます。また、子どもたちが本時の学習で追求すべき問いを明らかにするための活動としても、感想交流は有効な手段です。

以上のステップをふまえることで、発問づくりの基礎基本はおさえることができます。あとは、2章にある様々なタイプの発問を組み合わせていくことで、教材に合ったより効果的な発問構成を考えることができます。

（木原一彰）

発問のバージョンアップ
―問い方のバリエーションを増やす

 ## 発問を変えれば授業が変わる！

「考え、議論する道徳」への転換が強く叫ばれている現在、子どもが自己との関わりで道徳的価値について考えたり、より多面的・多角的に考えたり、生き方についてより深く考えたりすることが求められています。このことを実現していくためには、教材の登場人物の心情などを共感的に問う発問や、自己の振り返りとして体験を想起させる発問などを専ら用いてきた授業から、発問の対象や問い方を多様に発想し、バリエーション豊かな発問を用いた授業へと変えていく必要があるでしょう。

とは言え、子どもの意表を突く発問、重要なテーマではあるが抽象度の高い発問といった類は、その適切な活用場面や子どもの思考を促す際の効果について十分に検討することも必要です。

本稿では、以上を踏まえながら、学習指導過程に沿って発問の対象や問い方のバリエーションについて考えてみたいと思います。

 ## 発問の対象（何を問うのか？）

❶導入～問題追求的な思考活動を促す～

ねらいとする道徳的価値への方向付けのため、「友達とはどんな人か」とキーワードについて聞いたり、「親切にしてもらってよかったと思ったことはないか」と経験を聞いたりすることがよく見られます。

子ども自らが問題意識をもって主体的に考えるためには、問題追求的な思考活動を促す授業の入口部分をしっかりとつくってみたいと思います。そのため、場面絵など問題場面を提示しながら、問題への気づきなどを問う「何が問題だと思うか」、行動や判断、その理由を問う「自分ならどうするか、それはどうしてか」などが考えられます。これらの発問に対する子どもの意見をもとに、学習問題を設定するのです。

教材と関連する映像などを提示して「○○について知っているか」などと問い、教材そのものを導入とする方法もあります。この場合、教材提示後、「気になったり考えてみたくなった

りしたことは何か」など、感想を問うことによって学習問題を設定することも考えられます。

❷展開１〜教材を中心とした話し合い〜

○人物の気持ち・考え

「〜のとき、○○はどんなことを考えたか」など、主に時系列的な場面における登場人物の心情などを問います。これまで最も多用されてきた対象で、これを問う発問は場面発問と呼ばれています。今までの道徳授業が心情主義と批判されてはいますが、具体的で子どもが考えやすいというメリットはあると言えます。

○人物のあり方（生き方）とそれに対する考え

「○○が大切にしていることとは何だろう」「○○のような生き方についてどう思うか」など、ねらいに迫るテーマ的な内容を問うものです。若干難しい印象も受けますが、生き方についての考えを深める学習にしていくためにもチャレンジしてみたいものです。

○教材に対するテーマとそれに対する考え

「〜はどんなことが問題なのか」「○○が主張する〜についてどう考えるか」など、二つ目と同様にねらいに迫るテーマ的な内容を対象にしています。

○ねらいとする価値そのもの

例えば「本当の『友情』とはどのようなものか」「『生命の尊さ』についてどう考えるか」など、ねらいとする価値そのものを問うものです。上記３つに比べて発問の抽象度が高いので、おそらく使用頻度は最も少ないと考えられますが、学期末など自己を見つめる節目となる道徳授業では、ぜひ聞いてみたい発問です。

❸展開２〜自己を見つめる活動〜

これまで、ねらいとする道徳的価値との関わりで「○○したことはないか。そのときどんな気持ちだったか」など体験を想起させる内容を問うことが多かったです。道徳的価値について、教材の中だけの話ではなく、自分事として自覚させるためです。この過程がなければ（主に小学校において）道徳授業ではないと言われてきた経緯もあります。

ここでの発問のバリエーションを考えるならば、子どもが自己を見つめ生き方についてより深く考えるために、例えば、「○○の生き方に学んだことはどんなことか」「これからの生活に生かせるとしたらどんなことか」「どんな自分になりたいか」など、これまで決意表明として避けられてきた感もありますが、未来志向を問う内容なども取り入れてみてはどうでしょうか。

❹終末〜問題追求を終わらせない工夫〜

一般に教師の体験談などの説話が多く、何かを問う方が少ないかもしれません。問題追求を一時間の授業だけで終わらせない工夫として、例えば「これからもっと考えてみたいことはど

んなことか」「(自分の考え以外に)印象に残っている意見は何か」などと問うことが考えられます。学習感想(子どもの学びの振り返り)を問うことも、道徳科の評価の視点から十分考えていきたいものです。

発問の仕方（どのように問うのか？）

❶共感的に問う

「～のときの○○と同じ気持ちになったことはないか」など主に教材の登場人物への自我関与を促す問い方です。発問の対象は人物の心情であり、いわゆる場面発問的であることが多いです。思い悩む登場人物の心情などを共感的に考えることを通して、いかに人間理解を深めていくかがポイントです。

❷分析的に問う

「なぜ○○はそのように行動したのか」「○○の行為にはどんな意味があるのか」など人物の考えや行動に対してその根拠や意味など客観的な視点から分析的に迫る問い方です。知的な問い方で難しさが否めないことから、「なぜ○○はそうしたのか」→「どんな気持ちから○○はそうしたのか」というような再検討も多かったことでしょう。発達段階など子どもの実態を考慮しながら積極的に活用してみたいものです。

❸投影的に問う（もし自分だったら）

「もし自分が○○だったらどうするか、どう考えるか」など、人物への自我関与を促しながら自分の気持ちや考えを明らかにする問い方です。留意点としては、ある子どもが本音を語った際の発言が、他から非難されることが予想されるときは（わたしだったら絶対、席を譲らない→それってひどいんじゃない！多数）、あくまでも教材の中の人物の考えとする設定の方がよいケースもあります。

❹批判的に問う

「○○は本当にそのようにしてよかったのか」「～という考えにあなたは賛成か、反対か」など、人物を客観的に見ながら立場を明確にして自分の考えを明らかにしていく問い方です。分析的な発問と同様に、発達段階に応じて学びの形態を変えていく必要のある中で、特に小学校高学年や中学校において活用していきたいものです。

その他の発問のバリエーション

　発問の問い方については、主に教材との関わりで考えてきましたが、それ以外についても、導入で問題場面を提示しながら「自分だったらどうするか」と投影的に問うなど、多様な問い方の可能性が十分考えられます。そして4つの、共感的、分析的、投影的、批判的な発問の対象を、それぞれ「人物の気持ち・考え」「人物のあり方（生き方）・それに対する考え」「教材のテーマ・それに対する考え」「ねらいとする価値そのもの」というように想定することによって、4×4のコンビネーションを発想することも可能です。しかし、教材のモチーフと問い方（教材活用の工夫）の適合性や子どもの実態を考慮し、子どもの主体的な思考を促すコンビネーションを考えていくことが実際的です。

　さらに、切り返しなどの補助発問との連携を構想することが、問い方のバリエーションを広げる可能性を高めることになるでしょう。道徳科の特質を踏まえた上で、より一層、子どもが主体的に楽しく学ぶ発問のバリエーションを豊かに増やしていきたいと思います。

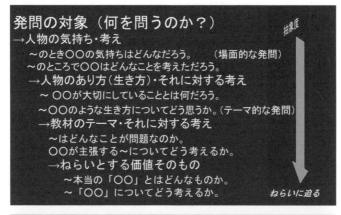

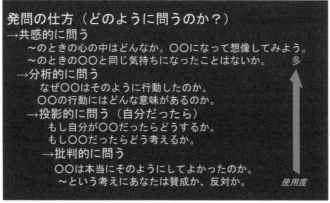

（和井内良樹）

子どもの問題追求に向けた発問の活用
―教える流れからの脱却

 主体的な学びを生み出す問題意識

　子どもが本気で考えない等の悩みをもったことはないでしょうか。子どもと教材に関連性をもたせ、問題意識をもたせるような学習展開こそ、この悩みの解決策の一つだと考えます。

❶問題意識とは

> 　問題意識は、子どもが抱く疑問や驚き、気がかり、違和感等から生まれ、学習のきっかけとなったり学習を推進したりする知的な感情。（学習を推進するエネルギーとなる意識）

　問題意識は、子どもの主体的な学びである問題追求の過程において、必要不可欠な要素です。授業者は、子どもがどのような問題意識をもって学習に臨むのかを予想しながら、授業展開や発問を考えることが大切です。

❷学習場面における問題意識

　子どもはどのような場面で問題意識をもつのでしょうか。以下のような場面が考えられます。

> ○導入の場面……………………社会生活や身近な生活の中で驚きや疑問等を感じたとき
> ○教材に出合った場面…………教材中の人物の意外な生き方に出合ったとき
> ○話し合いの場面………………自分の考えと違う考えを意識したとき
> ○終末の場面……………………学習したことをもとに、今の自分の言動を内省したとき

　学習場面のすべてにおいて、問題意識をもたせようとするのは困難ですが、授業のどこの場面で、子どもが問題意識をもつのか予想しながら授業づくりに臨みたいものです。

❸問題意識をもたせるには

　問題意識は、多くの場合、子どもの内面に潜んでいます。実際の授業では、その内面にある

問題意識を引き出したり、喚起したりする教師の発問や授業の仕掛けが必要となります。
　安易に発問を並べるだけでは、子どもの問題追求に向けた学習は生まれません。子どもの問題意識に沿った発問こそが、問題追求に向かっていくと思います。

「導入の場面」における問題意識に沿った発問

❶問題意識に沿った発問例１〜理想と現実のギャップを示す〜

　例えば、事前にアンケートを行い、その結果を示すという方法があります。学校の道具や物は大切にしなければならないと多くの子どもは思っています。しかし、実際にできているかと言えば、そうではありません。そこで、委員会活動等で調査した理想と違う事実を提示すれば、子どもは言葉にせずとも、次のような意識をもつことが予想されます。

　大切なのに、どうして守れないのか。　　どうすれば、解決するのかな。

　このような意識が、子どもたちの内面に芽生えたときこそ、教師の発問が子どもに自然な形で届いていくと思います。
　つまり、子どもの問題意識に沿った教師の発問です。

　　＜子どもの問題意識＞　　　　　　　　　　　＜問題意識に沿った発問＞
・（大切なのに、どうして守れないのかな）・大切なのに守れないのは、なぜだろう。
・（どうすれば、解決するのかな）　　　　　　　・何が問題なのだろうか。

❷問題意識に沿った発問例２〜予想と反する事実を示す〜

　例えば、教材を読み聞かせる前に、教材の内容を少し紹介して問題意識をもたせることが考えられます。まず、授業開始後、子どもたちと次のようなやりとりをします。

　T　困っている人を見たら、親切にしたいと思う人、手を挙げてごらん。
　C　（多くの子が挙手）
　T　そうだよね。みんなは助けたいと思うよね。ところが、今日のお話に出てくる人は、
　　　相手が困っているのに、わざと助けません。
　C　えっ。どうして……。

　このような子どもの予想と反する事実を示すことで、次のような問題意識をもたせることが期待できます。

＜子どもの問題意識＞　　　　　　　　　　　＜問題意識に沿った発問＞

・（助けないのは、何か理由があるのかな）

・（わざと助けない人なんているのかな）

・どうして助けないのかな。なぜだと思いますか。

・何か理由があるかもしれませんね。
　今日は親切について考えていきましょう。

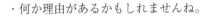

❸問題意識に沿った発問例3　〜日常生活の無意識から意識化へ〜

　子どもたちは、日常生活の中で、多くの道徳的な問題場面に出合っています。しかし、解決することなく時間の経過とともに意識の奥底に留まっているものもあります。

　例えば、目標を決めてやろうとしても、途中であきらめてしまい、悔しい思いだけが残ったという経験は多くの子どもがもっていると考えます。このような経験をただの事実として聞き出すだけでなく、「何が足りないのかな」「何が問題なのかな」等問いかけ、子どもたちとのやりとりの中で教室全体の話題にしていけば、これまで無意識だったものが意識化され、子どもの問題意識を生み出すことが期待できます。

＜子どもの問題意識＞　　　　　　　　　　　＜問題意識に沿った発問＞

・（どうすれば、あきらめずにがんばれるのかな）

・（わたしには、何が足りないのかな）

・目標に向かってがんばるためには、どんなことが大切なのでしょうか。

「話し合い」の場面における問題意識を生み出す発問

　道徳科の発問を構成する場合には、中心発問をまず考え、次にそれを生かす前後の発問（基本発問）を考えるようにすると、有効な場合が多いと言えます。

　しかし、中心発問と基本発問だけでは、子どもの問題追求に向けた授業展開は困難な場合があります。中心発問に対する補助発問を準備して、授業に臨めば、展開途中で子どもの問題意識を生み出すことが期待できます。

> **補助発問とは**、授業のある場面で、問い返したり揺さぶったりすることで、子どもの考えを深めたり、広げたりする等の効果が期待できる発問。

【補助発問の例】

一定の考えに集中したり、同じような考えで安定したりしたとき	・「本当にこれでいいのかな」 ・「君たちが〜〜の立場なら，このような行動ができるかな」
考えが広がらず、別の視点から考えさせたいとき	・「反対の立場で考えたらどうなるのだろうか」 ・「〜のような場合は、どんな気持ちになると思いますか」
二つ以上の考えを比較させたいとき	・「AとBのどちらの気持ちが強いと思いますか」 ・「AとBは、どんな違いがありますか」
ねらいに関わる考え方に着目させ、全体の話題にしていきたいとき	・「Aさんの考えを、どう思いますか」 ・「Aさんの発言にある〇〇とは、どういうことかな」

　補助発問は指導案等においても、あまり文字化されることのない教師の臨機応変な対応を必要とする発問です。下の図を見てください。

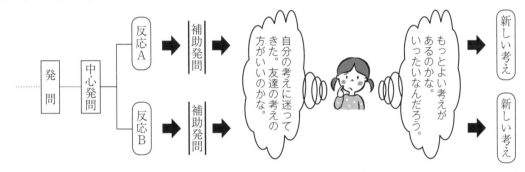

　例えば、反応Aが多い場合には、Aと考える子どもたちの考えを揺さぶったり、新たな視点を与えたりできるような補助発問を活用します。反応Bが多い場合には，補助発問Bを活用します。中心発問に対して、補助発問を二つ程度準備しておきたいものです。
　子どもたちは、ある考えに反応が集中した場合、その考えを受け止めて安心し、思考停止の状態になる場合があります。このような状態に揺さぶりをかけ、子どもの意識の中に、再び波を立たせることが、新たな考えにつながっていくと思います。

💬 子どもの問題意識を想定した授業づくり

　子どもの内面に問題意識が芽生えたときこそ、教師の発問が自然な形で届いていきます。また、「あれっ、なぜ」「何がいけないの」等の問題意識を子どもがもったとき、他人事ではなく自分事として受け止め、子どもの主体的な学びである問題追求の過程が実現していくと思います。
　教師が教える流れから脱却するには、教師が考えさせたいことに加え、主題に関わって子どもがどのような問題意識をもつのか予想しながら、学習問題や発問を考えていくことが肝要です。

(小野勇一)

第2章
「考え、議論する」道徳をつくる新発問パターン50

○○（□□）について知っているか

種　　類：問題把握の発問
使用場面：導入等

 発問のポイント

❶子どもの学習意欲を高める

　主にこの発問は、言葉の意味を聞く発問、出来事を聞く発問、事物を聞く発問、人物を聞く発問に分けられると考えられます。その際、子どもがわかりきっているようなことを聞くよりも、聞いたことがある、あるいは全く知らないということを聞く方が、その後の話し合いが活発になるでしょう。また、人物について問う際、その人物について知らなくても、その人物と関わりのある出来事や事物等を提示してから人物を紹介することで、より具体的なイメージがわくようになると考えられます。また、ある程度の共通理解を図ることで、知識の差を減らして授業に入っていくこともでき、子どもの学習意欲を高めることにつながります。

❷道徳的価値に関する興味関心を高める

　「○○について知っているか」という発問は、道徳的価値に関する興味関心を高める役割もあります。提示した内容について、全く知らない子どももいれば、詳しく知っている子どもがいることもあるでしょう。全く知らない子どもは、周りの友達が少し知っていたり、教師側からある程度の知識を与えられたりすることで、さらに考えたり聞いてみたりしたいという意欲につながると思います。その際、教師側で子どもに考えさせたい道徳的価値についてしっかりと意識して話をしていくことが大切です。

❸本時の課題を見つける

　発問を受けて、子どもが自分たちの知識を出し合い、お互いに知らないことやわからないことを見つけることで、本時の学習課題につなげることもできます。しかしそこで、教師側がねらいとする道徳的価値を結びつけなければ、考えさせたい道徳的価値と離れてしまいます。教師の話し合いのコーディネートが必要不可欠となります。そうすることによって、子どもが自分たちの話し合いたいことを考え、授業を通してその答えを自分なりに見つけていくことができるようになるでしょう。

発問を生かした授業例
教材名「マリアン・アンダーソン」（出典：学校図書）

　現代の日本では、自分の身近で「人種差別」を感じることはあまりないかもしれません。本時では、黒人である「マリアン・アンダーソン」が受けた差別について知り、公平にすることの大切さを考えさせます。そこで導入では、黒人に対してあった差別について、知っているかどうかを問います。導入段階で話し合うことで、子どもの意欲の高まり・道徳的価値への方向付けにつなげます。

T　みなさんは、黒人に対して差別があったことについて知っていますか。
C　オバマさんが大統領になったときに、すごいことだって言われていたのは知っている。
C　昔は黒人を奴隷にしていたと聞いたことがある。
C　あまり知らない。今はもう差別はないんでしょ。

　当時、黒人に対する差別があったことをイメージできるように、黒人が働かされていたときの絵を提示する。

C　鎖につながれている。
C　どうしてこんなことをするんだ。
C　人を売ったり買ったりすると聞いたことがある。

　子どもがその国を否定しないよう、それぞれの国の考えやそのときの状況があり、このような歴史があることを伝える。また、深入りしないように簡易的にまとめる。

T　このような時代を経て、その後、これではいけないと奴隷制度はなくなりました。
C　よかったね。
T　すぐに差別はなくなったのでしょうか。
C　すぐには無理じゃないかな。
C　いつまであったのかな。そもそも差別するってどんなことを言うのかな。
T　実は、その差別はその後も根強く残りました。
C　今もあるのかな。もう昔の話なのに、なぜ差別が起こるのかな。
T　今日は、その差別に屈しなかった女性「マリアン・アンダーソン」について紹介します。

　ここで考えさせたいのは、差別や偏見をもつことなく、より一層集団や社会との関わりをもてるようにするために、誰に対しても分け隔てをせず、公正、公平な態度で接することの重要性です。そこで、教師の話からも、白人に対する強い嫌悪感等が生まれないよう留意しなければなりません。その嫌悪感が、今度は白人に対する偏見となるからです。子どもの反応から、学習課題を「なぜ差別が起こるのか」とし、展開に入ります。

（川崎美穂子）

○○（□□）について どう思うか

| 種　　類：問題把握の発問 |
| 使用場面：導入等 |

 ## 発問のポイント

❶自分の考えをもつ

　「○○についてどう思うか」という発問をすることで、まず子どもがその事柄についての自分の考えを明確にすることができます。さらには、他者の考えを聞き、より深く考えることができる発問でもあります。この発問は、導入の部分で使うこともできますし、教材提示が終わった後の展開の前半部分で使うこともできるでしょう。

❷ねらいとする道徳的価値への方向付けをする

○アンケートによる方法

　事前にアンケートをとっておき、その結果についてどう思うか聞くことも、全員の考えが反映されているので、子どもの興味をひくことができます。結果を紹介するだけでは、課題が見えてきませんが、さらにその結果についてどう思うか聞くことで課題が見えてくると考えられます。次頁の事例では、子どもの意見をもとに、教師側から課題を提示しています。そして、展開前段の最後で、もう一度アンケート結果を掲示し、どう思うか再度聞き、話し合いをさせることもできます。

○新聞や出来事について問う方法

　ねらいとする道徳的価値に関する新聞や出来事等を紹介して、そのことについてどう思うか問う方法もあります。導入部分で社会や日常の中に目を向けさせることで、展開後段で自分を振り返るときに、教材の中だけで終わるのではなく、より広い視野で考えることができるようになるでしょう。

❸教材への興味関心を深める

　教材に登場する人物の紹介を簡単にし、どう思うか尋ねることもできます。その人物に共感したり批判したりし、教材を通して詳しい内容について知りたいと思う興味関心へとつなげることができます。

発問を生かした授業例
教材名「思いやりのかたち」（出典：学校図書）

　高学年では、誰に対しても思いやりの心をもち、相手の立場に立って親切にすることが大切であることに気づかせ、実践意欲、態度へとつなげていくことが必要です。この教材では、自分にとってのやさしい行動と、相手にとってのやさしい行動はどう違うのか、話し合うことができます。導入では、アンケートの結果を提示し話し合うことで、ねらいとする道徳的価値への方向付けと、自分の考えをもたせることにつなげます。また、様々な友達の考えを聞くことで多面的・多角的に考えられるようになります。

　事前に「友達が算数の問題がわからなくて悩んでいます。あなたならどうしますか。理由も書きましょう」というアンケートをとっておき、集計しておきます。

【結果と理由】（抜粋）
☆やり方を教えてあげる。
　→かわいそうだから、助けてあげたい。
　→やり方を教えれば、次の問題は自分でできるようになるから。
　→答えだけを教えると、その人のためにならないから。
☆応援する。
　→自力で解かないと意味がないから。
☆黙っている。
　→自分だったら自力で解きたいから。
　→話しかけると集中力がとぎれるかもしれないから。
　→自分が合っているかわからないから。
☆頭がいい子を呼んでくる。
　→その子の方が上手に教えられるから。

T　みんなのアンケートの結果についてどう思いますか。
C　こんなに答えがあるなんて意外。
C　全部納得する。
C　みんな考えていることが違うんだな。
T　今日は、どのようにすればよいのかをみんなで考えていきましょう。

　様々な回答がありますが、すべてが相手の気持ちに寄り添っているのかということを考えていくことが大切です。教材提示の前に「本当の優しさとは」という課題を提示し、相手が置かれている状況、相手の思いを考えた上でどのような言葉をかけるとよいのか考えることが大切であると気づかせていくことが必要です。展開の後段では、授業で深めたことを生かし、どのようなことに気をつけて声をかければいいのかを考えることもできます。

（川崎美穂子）

○○の経験はあるか

種　類：問題把握の発問
使用場面：導入等

発問のポイント

❶子どもたちにとって発表したくなる経験を想起させる

　道徳科が教科となる以前から、「○○の経験はあるか」という発問は、よく使用されていた発問です。しかし、「○○」の部分が「廊下を走った」経験であったり、「きまりを破った」経験であったりするなど、子どもたちのマイナスな行動面を取り上げている授業では、道徳の授業が生活指導の反省会となってしまうという例も多く見られていました。道徳授業の始まりが、反省会では、子どもたちもがっかりします。そればかりか、道徳授業が嫌いになってしまう子どももいるかもしれません。このような反省から、この発問を活用する場合は、うまくいったことや成功した経験について想起させられるよう取り入れることが大切です。

❷経験を聞く目的をもつ

　授業の導入や終末、時には展開といったように、いずれの場面でも、経験を問う発問を活用することができます。
　導入で活用する場合は、ねらいあるいは教材への導入を図るために活用されることがしばしばあります。逆に、終末の部分で用いられる場合には、これまでの経験をもとに、これからの身構えを問う場合に活用されます。導入と終末とは違って、展開で用いられる場合には、教材に描かれている主人公と同じような経験はなかったか、もし自分が同じような経験をするとしたらどうだろうかといったように、活用されています。

❸教材「雨のバス停留所で」について確認する

　中学年の道徳科の教材に「雨のバス停留所で」〈C−⑿規則の尊重〉という教材があります。この教材は、雨の日に、バス停留所近くの軒下で母親と順番に並んでいたよし子が主人公です。バスが近づいてくるのを見たよし子が、他に並んでいた人のことを考えず、一番にバスに乗り込もうとしてしまいます。その行為を母親に止められたよし子は、いつもなら優しく声を掛けてくれる母親の黙ったままの顔を見て、自分の行為を振り返るという内容です。

発問を生かした授業例
教材名「雨のバス停留所で」（出典：文部科学省）

●主な展開

　授業では、導入で

　発問①「きまりを守ってよかったと思う経験はありますか」

と問いました。ここでは、「きまりを破って、後悔した経験はありませんか」と聞いてしまいがちですが、生活指導の反省会とならないよう、きまりを守ることのよさについて目を向けられるよう留意しました。

　そして、「きまりを守ることのよさについて考えよう」と授業のねらいを確認した後、教材を範読しました。

　展開では次のような流れで発問をしました。

　発問②「よし子さんは、どんなことを考えながら雨の中、バスを待っていたのでしょう」

　発問③「お母さんに強い力で後ろの方に引かれ、並んでいた場所に連れ戻されたよし子さんは、どんなことを考えたでしょう」

　発問④「バスの中で、黙ったままのお母さんの横顔を見ながら、よし子さんはどんなことを考えていたでしょう」

　最後に、終末で、

　発問⑤「きまりを守ることのよさについて考えよう」

と授業のねらいに対して、ワークシートを活用して、学んだことを書かせました。

　発問①「きまりを守ってよかったと思う経験はありますか」では、子どもたちから、「ある」と答えた子や「よくわからない」と答えた子など、きまりを守ることの心地よさを実感している子もいれば、あまり意識していない子など、様々でした。

　ここでは、特に「ある」と答えることができた子に注目し、授業を通して何を学ぶことができたのか捉えるために、「どうしてよかったと思ったのかな」と尋ね、どのようにきまりを守ることのよさを感じているのか実態を把握しておくとよいでしょう。「よくわからない」と答えた子には、授業を通して、きまりを守ることがどうしてよいことなのかについて、何を学ぶことができたのかワークシートの記述から見取るようにします。書くことが苦手な子どもたちには直接聞いて、学びを把握するなど、配慮して進めましょう。

(北川沙織)

○○（□□）と言ってイメージすることは何か

種　　類：問題把握の発問
使用場面：導入等

発問のポイント

❶子どもたちの実態をつかむ

　「○○と言ってイメージすることは何か」という発問は、導入で活用すれば、これまで子どもたちが抱いている○○に対する考えを把握することができます。また、導入と終末の両方で取り入れれば、授業での子どもたちの成長を見取ることができる発問にもなります。
　いずれにしても、その時々の子どもたちの中にある○○に対する考えを把握することができるため、子どもたちの実態を把握したいときに有効な発問です。

❷教材「ヒキガエルとロバ」について確認する

　中学年の道徳科の教材に「ヒキガエルとロバ」〈D－⑲生命の尊さ〉という教材があります。この教材は、雨上がりの道にいたヒキガエルに石を投げ、当てて楽しんでいる少年たちの行為に対して、重い荷物を運びながらも主人の鞭に耐え、カエルの命を守り切ったロバの行為の違いから、生命の尊さについて考えさせることのできる教材です。どんな生き物であっても人間と同じように一つしかない尊い命であることや、無駄な殺傷やいじめる行為の醜さに改めて気づかせることができます。

❸中学年の子どもの実態を把握する

　この時期の子どもたちは、低学年のときに生き物を飼育した経験があったり、理科の学習を通して、昆虫の基本的な生態を学んだりしています。生き物が大好きで、小動物と接したり、自宅でも生き物を飼ったりする経験をしている子どもも少なからずいることでしょう。
　しかし、好きであっても飼育がおろそかになったり、好きでない生き物については扱いがぞんざいであったりするなど、一つしかない命を尊いものであると感じていない実態もあります。そのような子どもたちが抱く命のイメージとは、「命は大切なものである」「命はお母さんからもらったもの」といったものが多く、主に人間の命や大きな動物の命などに、その対象が向きがちです。

発問を生かした授業例
教材名「ヒキガエルとロバ」（出典：教育出版）

●教材の概要

　雨上がりの道にいたヒキガエルに石を当てて、遊んでいる少年たちが主人公です。少年たちが石を当てて遊んでいるところにロバの荷車が差し掛かり、ヒキガエルがひかれることを期待して見ていましたが、ロバは主人の鞭に耐えながらも必死にカエルをひかないようにコースを変えて通っていきました。その様子を見ていた少年たちは、遠く去っていく荷車をいつまでも眺めていたという内容です。

●主な展開例

　まず、授業では、導入で子どもたちに、

　発問①　「命について、イメージすることはなんですか」

と問いました。「大切なものである」「もらったもの」「みんなにあるもの」といった意見が出され、主に人間にあるものとイメージしている子どもが多くいました。「ほかに命をもっているものはないかな」と尋ねると動物や植物の名前を挙げる子どもがいましたが、どれも自分たちの身近にある生き物の命についてイメージしていることが確認されました。その後、本時のねらいを確認し、教材を範読しました。展開では、

　発問②　「アドルフたちは、なぜヒキガエルに石を当てたのでしょう」

　補助発問「ヒキガエルに命があるとは思わなかったのでしょうか」

　発問③　「ヒキガエルやロバの姿をいつまでも見ていた少年たちは、どんなことを考えていたでしょう」

　補助発問「ヒキガエルをよけて通ったロバはどんなことを考えていたのでしょう」

　発問④　**「命について、イメージすることはなんですか」**

　　　　　「今日の授業を通して、考えたことをワークシートに書きましょう」

　この授業では、導入と終末に同じ発問をすることで、授業での子どもたちの成長を見取ることができるよう活用しました。導入では、「大切なものである」「もらったもの」「みんなにあるもの」といったものが多く発表されましたが、終末に取り組んだワークシートには、「大切であると知っているだけでなく、大切に扱っていかなければいけない」「命は、みんなにあるもので、それをみんなで守っていかなければいけない」「命に大きさはないから、小さいものにも命がちゃんとあって、小さい命も守れるようにしていきたい」等の記述がありました。

　このように、「○○と言ってイメージすることは何か」という発問は、子どもの考えを把握したり、授業を通して、学んだことを把握したりするのに役立ちます。

（北川沙織）

心に残った場面はどこか

種　　類：問題把握の発問
使用場面：導入等

 発問のポイント

❶子どもたちの考えたいことから授業を始める

　この発問は、主に導入で活用される場合が多い発問です。「心に残った場面はどこか」という発問は、授業で子どもたちが考えたいことから、話し合いのテーマを見つけることができるため、子どもたちも主体的に授業に臨むきっかけにもなります。
　もちろん、子どもたちが話し合いたいことであれば何でもよいのではなく、指導者としてはしっかりとねらいをもって授業を行わなければならないため、難しさも伴います。また、テーマを見つけるためには、教材の内容をどの子どもたちも理解していることを確認し、授業を進める必要があります。

❷教材「志を立てる」について確認する

　高学年の道徳科の教材の一つに「志を立てる」（A－(5)希望と勇気、努力と強い意志）という教材があります。この教材は、主人公の松下幸之助の一生から、努力して物事をやり抜くことのすばらしさについて気づかせることができる内容です。より高い目標を立てて、希望と勇気をもち、困難があってもくじけずに努力して物事をやり抜いた松下幸之助の姿に気づかせていくことで、ねらいに迫ることができる教材です。

❸高学年の子どもの実態を把握する

　この時期の子どもたちは、先人や著名人の生き方に触れる機会が多くなり、その生き方に憧れたり、自分の夢や希望を一層膨らませたりする時期に差し掛かります。一方、中には、自信がもてなかったり、自分が思うような結果に結びつかなかったりすることから、夢と現実の違いを感じすぎてしまい、最初から勇気を出して挑戦したり、努力を重ねて粘り強く取り組もうとしない傾向の子どもたちもいます。
　高学年といっても、さまざまな実態があることを踏まえて、困難があってもくじけず努力しようとする意義について話し合っていけるよう、気をつけていく必要があります。

発問を生かした授業例
教材名「志を立てる」（出典：教育出版）

●教材の概要

　1989年に亡くなった松下幸之助が主人公です。和歌山県に生まれた松下幸之助は、小学校4年生のころに「宮田火鉢店」で働き始めました。3か月ほど働いた後、「五代自転車店」に移りました。そのころには商売することの楽しさを感じ、15歳で「大阪電灯」という会社で働くことを決めました。見習いで入った松下幸之助でしたが、熱心に仕事に取り組み、自分で決めた道をくじけることなく続けました。最年少で「検査員」となり、自分でアイデアを出し「松下式ソケット」をつくりました。しかし、そのアイデアは否定されてしまいます。そこで、電気の道を志した松下幸之助は、自分で小さな会社を立ち上げ、試行錯誤を繰り返しながら、必死に働き、世界的な企業に成長させていくという内容です。

●主な展開例

　授業では、まず、事前に教材を読ませておきました。その上で、**「心に残った場面はどこですか」**と発問しました。

　子どもたちからは、「松下さんが『今日で会社をやめさせていただきます』と言った場面」や「松下さんが『このままでは、ぼくはだめになってしまう』と思っていた場面」について話し合いたいという意見がありました。

　そこで、これらの場面について、どんなところを話し合いたいのか聞いていくと、「楽しくお金を稼ぐことができるようになってきたのに、どうして会社を辞めたいと思ったのか考えていきたい」や「松下さんは、ぜんぜんだめではないのに、『ぼくはだめになってしまう』と思ったのは、どうしてかについて話し合いたい」と意見が出されました。

＜本時で話し合ったテーマ＞
- 楽しくお金を稼ぐことができるようになってきたのに、どうして会社を辞めたいと思ったのでしょう
- ぼくはだめになってしまうと思ったのは、どうしてでしょう

　授業の終末では、「今日の授業では、松下幸之助さんの生き方から、どんなことを発見しましたか。ワークシートに書きましょう」と投げかけ、子どもたちの学びを確認しました。

（北川沙織）

みんなで話し合いたいことは何か

種　　類：問題把握の発問
使用場面：導入等

 発問のポイント

❶「大きなテーマ」と「教材を中心としたテーマ」をつくろう

　何もないところから「さあ、皆さん話し合いたいことは何ですか？」と尋ねられても困ります。また、話し合いたい方向性が様々であると何について話し合っているのかわかりません。そこで、まず導入で話し合うべき方向性を決めることが必要です。そして、展開の教材提示後に、「みんなで話し合いたいこと」を決めてはどうでしょうか。ここで、前者の話し合うべき方向性を示すテーマを「大きなテーマ」とします。また、後者の教材を通して話し合いたいテーマを「教材を中心としたテーマ」とします。(1)大切なのは、「大きなテーマ」と「教材を中心としたテーマ」に整合性があることです。私の実践では、「大きなテーマ」は主として教師が提示し、「教材を中心としたテーマ」は主として子どもが決めていました。

❷日頃から子どもが学び方を学ぶ

　道徳科は、どんな学習過程で学びが成立するのでしょうか。例えば、㈎登場人物の気持ちや思いに自我関与したり、㈏登場人物の行動や考えを批判的に捉えたり、㈐道徳的価値を自分事として捉えるために、経験を想起したり、㈑道徳的価値観を広げるために他者の価値観に触れてみたり、様々な学び方が考えられます。特に、普段の学習の中で㈑のような学び方に実感をもっていなければ、他者と「話し合いたい」という学級風土はつくられません。子どもが学び方を理解しているからこそ、「話し合いたいこと」つまり「教材を中心としたテーマ」をつくることができるのです。

❸テーマに関する答えはどうするか

　テーマに関する答えにたどりつくために、方法や判断などを学級のみんなで合意形成する場合もあります。しかし、前提として「教材を中心としたテーマ」を包括する「大きなテーマ」は、「自己の生き方についての考えを深める」ための内容です。ですから、最終的には自分自身の「納得解」にたどりつくことがテーマに対する答えとして捉えてよいでしょう。

発問を生かした授業例
教材名「なかよしだから」(出典:東京書籍)

○主題名:仲良しだからできること〈友情、信頼〉
○ねらい:仲良しであることのあり方を考えながら、お互いを理解し合ってよりよい信頼関係を築いていこうとする心情を育てる。

　導入では、間髪入れず黒板に「仲良しだから〇〇」と書きました。そして、「〇〇にどんな言葉が入りますか?」と発問しました。子どもから「仲良しだから、一緒に遊べる」「仲良しだから、言いたいことが言える」「仲良しだから、教え合える」などの意見が出されました。この発問は、教材の題名をそのまま生かしています。また、「仲良しだから〇〇」は先述の「大きなテーマ」でもあります。このテーマを中心に授業を組み立てていきました。

　展開では、教材を提示した後、**「みんなで話し合いたいことは何ですか?」**と発問しました。なお、普段から「『大きなテーマ』と関連させて、教材の中で話し合いたいことは何ですか?」と具体的に発問し、「大きなテーマ」と「教材を中心としたテーマ」との関係を子どもに意識させています。子どもから「実さんが声をかけてきても、口をきかなかった『ぼく』の気持ちを考えたい」「実さんが、なぜ『仲良しだからなお教えられないよ』と言ったのか考えたい」「カーブの投げ方を教えることと宿題の答えを教えることの違いは何か考えたい」などの意見が出されました。1番目と2番目の意見は先述の(ア)に関連した内容であり、3番目は(ウ)に発展できそうな内容です。子どもには「どうしてそのテーマについて話し合いたいのですか?」と尋ね、「教材を中心としたテーマ」を決めた根拠を引き出しました。「実さんが、なぜ『仲良しだからなお教えられないよ』と言ったのか考えたい」と発言したK君は、「僕がこのテーマにしたのは、『仲良しだから〇〇』の中に『教え合える』とあるけれど、実さんは『ぼく』に教えなかったのが不思議に思ったから」とわけを話してくれました。私は、みんなで「教材を中心としたテーマ」を決めるとき、「大きなテーマ」と行ったり来たりできる関係(往還関係)であることが望ましいと伝えています。「大きなテーマ」に対する仲間の意見を「教材を中心としたテーマ」と結びつけたK君の言い分に学級の子どもも賛成しました。なお、「実さんが声をかけてきても、口をきかなかった『ぼく』の気持ちを考えたい」「カーブの投げ方を教えることと宿題の答えを教えることの違いは何か考えたい」というテーマを全く扱わないわけではありません。話し合いの中で、「『ぼく』の立場」や「教える内容」について子どもの思考が働いたとき、このようなテーマを投げかけることも必要だと考えます。

(幸阪創平)

【参考文献】
(1)幸阪創平「子どもの学びの連続性を活かした道徳授業の創造:生き物を好きになる気持ちはどこからわいてくるのか」『東京学芸大学附属世田谷小学校　研究紀要46』2014年、74-77頁

ここでは何と何が問題になっているか

種　　類：問題把握の発問
使用場面：導入等

発問のポイント

❶道徳的価値同士が公平に扱われているか

　「ここでは」の「ここ」を教材の内容とします。次に「問題」を道徳的問題とします。道徳的問題には、㋐道徳的諸価値が実現されていないことに起因する問題、㋑道徳的諸価値について理解が不十分又は誤解していることから生じる問題、㋒道徳的諸価値のことは理解しているが、それを実現しようとする自分とそうできない自分との葛藤から生じる問題、㋓複数の道徳的価値の間の対立から生じる問題など[1]があります。

　特に「ここでは何と何が問題になっているか」と発問する場合は、㋓に関する「問題」を扱うことがほとんどです。教師は「何と何」がそれぞれどんな道徳的価値であるかを分析する必要があります。（両者が異なる道徳的価値である場合もあれば、同じ道徳的価値であるものの内容が異なる場合もあります）。また、道徳的価値同士が、教材の中で公平に扱われているか確認することも大切です。どちらかに傾倒していると、そもそも対立は生まれません。つまり、「問題」自体が存在しないことになります。

❷「問題」に関する答えはどうするか

　「問題」に関する答えにたどりつくために、方法や判断などを学級のみんなで合意形成する場合もあります。しかし、前提として「問題」は「自己の生き方についての考えを深める」ために設定されたものです。ですから、最終的には自分自身の「納得解」にたどりつくことが「問題」に対する答えとして捉えてよいでしょう。

　また、答えを導くまでの学習過程も大切です。例えば、二つの対立する行為、判断、道徳的価値などがあった場合、どちらかを選択して自分自身の「納得解」を見出すだけでなく、両者に共通するよさを発見することも大切です。共通するよさを理解すると、判断の幅も広がり、多様な解決方法が考えられるでしょう。つまり、第3、第4の解決方法を子どもが主体的に生み出すことで、アクティブな学習展開をつくることができます。

発問を生かした授業例
教材名「絵葉書と切手」（出典：学研教育みらい）

○主題名：友達のことを思いやるとは〈友情、信頼〉
○ねらい：友達の気持ちや立場を考えながら、お互いを理解し合ってよりよい信頼関係を築いていこうとする心情を育てる。

　導入では、「自分が勘違いしていたことを友達から教えてもらったら、どんな気持ちになりますか？」と発問しました。この発問の内容は、教材「絵葉書と切手」に登場するひろ子のお兄さんの考えと関係します。子どもからは、「嬉しい」「安心する」「感謝する」などの意見が出され、多くの子どもが友達から教えてもらうことを肯定的に捉えていました。

　展開では、教材を提示した後**「ひろ子の心の中で、何と何が問題になっていますか？」**と発問しました。子どもから「お兄ちゃんとお母さんのアドバイスのどちらを選べばよいのか」「正子に料金不足を伝えるべきか、伝えないべきか」という意見が出されました。本教材は、ひろ子が仲良しの正子に切手の料金不足を伝えるべきか伝えないべきか葛藤する内容です。どちらの行為も道徳的価値「友情、信頼」と関わります。したがって、先述の「両者に共通するよさ」を発見することを大切に展開を考えました。導入での発問を生かし、「（導入で）もし自分が勘違いしていたことを教えてもらったら、『嬉しい』『安心する』『感謝する』という気持ちになるのに、どうしてひろ子は迷うのでしょうか？」と子どもに尋ねました。すると、子どもから「もしかしたら正子が嫌な気持ちになるかもしれないから」という意見が返ってきました。次に、料金不足を正子に「伝えること」と「伝えないこと」を公平に扱うことを意識しながら、「もし、自分がひろ子ならどんな立場をとりますか？　ネームプレートを貼ってみましょう」と発問しました。子どもは、右に「伝えるべき」左に「伝えないべき」と書かれた数直線にそれぞれネームプレートを貼っていきました。「僕は、お兄ちゃんの立場（伝えるべき）。なぜなら、正子がまた間違えないようにと考えているから」「私は、お母さんの立場（伝えないべき）。なぜなら、正子が嫌な気持ちになるかもしれないと考えているから」などそれぞれの立場で意見を言う子どももいれば、「なかなか判断がつかない」と言ってネームプレートを貼ることに躊躇する子どももいました。そこで、私は「二つの立場の共通点は何ですか？」と問い返してみました。子どもから「お兄ちゃんの立場は、正子のこれから先のことを考えていて、お母さんの立場は、これまでのことを考えている。でも、お互いに正子の気持ちを大切に思っている」と言う意見が出され、「両者に共通するよさ」へと目を向けていくことができました。

（幸阪創平）

【参考文献】
(1)道徳教育に係る評価等の在り方に関する専門家会議「『特別の教科　道徳』の指導方法・評価等について（報告）」2016年

◯◯はどんな気持ちか

種　　類：教材と向き合う発問（共感的発問）
使用場面：展開等

 発問のポイント

❶登場人物の立場に立って自分との関わりで道徳的価値について理解する

　この発問は、「◯◯は」と主語を明確にし、その登場人物がどのような感情を抱いているのか考えることを子どもに促していることが特徴です。主語を明確にされたことで、子どもは自分がその状況に立ったらどんな気持ちになるのかとその人物の立場に立って考えます。また、過去に自分が同様の経験をした際のことを振り返る子どももいます。子どもに登場人物の立場に立って自分との関わりで道徳的価値についての理解を促す発問であると言えます。

❷様々な人物の立場に立つことで、多面的・多角的に考える

　道徳の授業では、これまで、教材中の主人公の立場に立って子どもたちに考えさせることが多くありました。1人の人物に限定することで、子どもが考えやすいというメリットがあるからです。しかし、道徳的価値の理解が一面的なものに留まるというデメリットもあります。
　ですので、この発問を活用し、様々な人物の立場に立って考えさせることで、道徳的価値について多面的・多角的な理解を促してみたいものです。

●教材中の他の登場人物の立場から考える（低学年教材「きいろいベンチ」を例に）
　女の子のスカートが泥だらけになった場面で女の子の悲しさやおばあさんの孫に悲しい思いをさせた相手に対する憤りを考えさせてみましょう。その後、主人公のたかしとてつおの2人の気持ちを考える際に、規則を尊重することについての多面的・多角的な理解が促されます。

●自分自身の立場から考える（中学年教材「ブラッドレーのせいきゅう書」を例に）
　0ドルの請求書についてブラッドレーに共感しながらも（うちは違う）といった思いの子どももいます。そこで、「0ドルの請求書を見て、みんなはどんな気持ちかな」と発問し、生活実態や羨ましさを出させます。すると、「でも、私の家族だってこんなことをしてくれている」と自身の家族の愛情について肯定的な捉えが発言されるようになります。

発問を生かした授業例
教材名「友のしょうぞう画」（出典：光文書院）

前述のとおり、「○○はどんな気持ちか」という発問は、子どもたちに登場人物の立場に立って自分との関わりで道徳的価値についての理解を促します。ここでは、小学校高学年の教材「友のしょうぞう画」を使った授業例を紹介します。

●展開場面での活用

本教材の中で子どもが最も共感し、友情について考えたいと思う場面は、和也君が正一君の作品「友のしょうぞう画」を見つけ、作品についての解説を読んだところでしょう。和也君の思いを共感的に考えることを通して、子どもたちは、友達の気持ちを理解し、互いに信頼し合うことの大切さに気づいていきます。

T　和也君は、今、どんな気持ちだろうね？
C　ぼくはなんてことをしてしまったんだろう。正一、手紙を書かなくなって本当にごめん。
C　確かに、悪いなって気持ちもあると思う。だけど、それ以上にすごくうれしい気持ちなんじゃないかな。だって、どんな版画にしようか考えたときにたくさんある中から和也君を選んでくれたんだから。
C　そう。それに、完成するのに約1年もかかったって書いてあるけど、正一君はその間ずっと和也君のことを考えていたはずだから。すごくうれしいんじゃないかな。
T　なるほどね、ずっと和也君のことを考えていたか……。
　　正一君はこの作品を作っている1年間、どんな気持ちだったんだろうね？
C　和也君に会いたいな。手紙を書きたいな。でも、今の僕にはできないな。
C　この作品を見たら、和也君喜んでくれるかな。
C　離れていても、手紙が来なくなっても、和也君は僕の大切な友達だ。
T　なるほど、大切な友達か。
　　今日は、和也君と正一君の「友のしょうぞう画」というお話をもとにみんなで友達について考えてきたけど、今、みんなはどんな気持ちなのかな？
C　わたしは…。

この授業例では、前頁の発問のポイントで紹介したものを活用し、子どもたちに①登場人物の立場　②教材中の他の登場人物の立場　③自分自身の立場という三つの立場から友情、信頼という内容項目について多面的・多角的に考えさせてみました。友達と仲良くしたい、互いに尊重し合いたいと思いながらも、思春期を迎え、友達関係に不安感を覚えがちな子どもたちにとって、友情、信頼という道徳的価値について共感的に考えることは大変重要だと考えます。

（谷口雄一）

○○はどんな思いで
〜しているのか

種　　類：教材と向き合う発問（共感的発問）
使用場面：展開等

 発問のポイント

❶登場人物の立場に立って自分との関わりで道徳的価値について理解する

　この発問は、前節の「○○はどんな気持ちか」と同じく主語を明確にすることで、その登場人物がどのような感情を抱いているのか考えることを子どもに促します。つまり、子どもに登場人物の立場に立って自分との関わりで道徳的価値についての理解を促す発問です。しかし、「○○はどんな気持ちか」とはまた違う特徴をもっています。

❷行動に着目することで道徳的価値観を明らかにする

　「〜しているのか」とあるように、この発問は、子どもに登場人物の行動に着目させる点が特徴です。問われた子どもたちは人物の思いを考えますが、同時に、人物のとった行動が道徳的に善か悪かを吟味します。この際、子どもたちは自身の道徳的価値観をもとに善悪を判断します。つまり、子どもが一人ひとりもっている道徳的価値観を明らかにする発問と言えるでしょう。

❸行動に着目することで自身の経験の想起を促す

　子どもたちも我々大人も人間は様々な善悪の行いをして生きています。このため、登場人物の行動が道徳的に善の場合は、子どもは善の行いをした経験を想起します。そして、悪の場合には反省的に自身の行いを想起することでしょう。子どもたちが自身の経験を想起することを容易にするために「どんな思いで〜しているのか」と行動に着目させている点もこの発問の大きな特徴です。

❹互いの経験を共有する

　前項で説明したように、この発問をきっかけに、子どもたちは登場人物の思いに共感しながら自身の経験を想起します。「これまでに同じようなことはありませんでしたか」等と改めて問う必要はありません。登場人物の思いを発言した子どもに「どうしてそう考えたの？」と投げかけるだけで、子どもの経験を授業に生かすことができるでしょう。

発問を生かした授業例
教材名「二わのことり」（出典：光文書院）

　前述の通り、「○○はどんな思いで〜しているのか」という発問は、子どもたちに登場人物の立場に立って自分との関わりで道徳的価値についての理解を促すことをはじめ、様々な特徴をもっています。ここでは小学校低学年の教材「二わのことり」を使った授業例を紹介します。

●**展開場面での活用**

　本教材の中で子どもが最も共感し、友情や思いやりについて考えたいと思う場面は、みそさざいがこっそりとうぐいすの家を抜け出し、やまがらの所へと飛んで行く場面でしょう。やまがらのことを大切に考えて飛んで行くみそさざいの思いを共感的に考えることを通して、子どもたちは、友達と仲良くし、助け合うことや、身近にいる人に温かい心で接し、親切にすることの大切さについての理解が深まっていきます。

T　みそさざいさんはどんな思いでやまがらさんの所へ飛んでいるんだろうね？
C　やまがらさん、独りぼっちにしてごめんね。
C　やまがらさん、せっかく誕生日のお祝いに呼んでくれたのに、みんなうぐいすさんの所に行ってひどいよね。わたしはみんなとは違って、やまがらさんが大好きだからね。
C　やまがらさんは誕生日なのに悲しい気持ちになってるから、ぼくが喜ばせてあげるんだ。
T　ふうん、他の鳥はひどいことをしているの？
C　だって先生、誕生日だよ！　音楽の稽古をしたいんだったら他の日にすればいいでしょう。
C　やまがらさんから呼ばれていたのに、知っていたのに、わざとだよ、きっと。
T　なるほどね。ねえ、さっき□□くんは「ぼくが喜ばせてあげるんだ」って言っていたよね。どうしてそう考えたの？　もしよかったら教えてくれるかな。
C　……。誕生日じゃないんだけど、前に△△くんに誘われていたんだけど、行かなかったことがあったんだ。次の日、△△くんに「□□くんが来てくれるって言ったから、ぼくゲームやお菓子をいっぱい用意してずっと待っていたんだよ！　どうして来てくれなかったの？」ってすっごく怒られたんだ。そのとき、すごく悪いことをしてしまったんだなって思って……。だから、みそさざいさんも悪いことをしたな。喜ばせたいなと思ったんだと思うんだ。
T　そんなことがあったんだね。話してくれてありがとう。

　この授業例では、前頁の発問のポイントで紹介したものを活用し、❶登場人物の立場に立って自分との関わりで道徳的価値について理解する、から❹互いの経験を共有する、までを展開しました。このように、この発問がもっている特徴のすべてを活用するのもいいですし、教材や子どもの実態に合わせて絞ってみるのもいいと思います。ぜひお試しください。　（谷口雄一）

○○のとき、同じ気持ちになったことはないか

種　　類：教材と向き合う発問（共感的発問）
使用場面：展開等

発問のポイント

❶「同じ気持ち」と問うことで子どもに共感を促し、道徳的心情を育む

　この発問は、教材と向き合う発問（展開・共感的発問）の三つの中で最も共感的に問うものと言えます。それは「同じ気持ち」という言葉通り、子どもたちに登場人物への共感を強く促すことを意図しているからです。特に登場人物の行いが善である場合、「同じ気持ちになったことはないか」と問われた子どもたちは、登場人物の立場に立って、善を行うことを喜び、悪を憎む道徳的心情を共感的に育んでいこうとするでしょう。

❷「ない」という答えを授業に生かす

　前項では、「三つの中で最も共感的」と説明しましたが、実は、そうではない場合もあります。確かに、「同じ気持ちになったことはないか」と問われた子どもたちは、「ある」と答えることができます。しかし、「ない」と答えることだって可能なわけです。共感を促すために発問したのに「ない」と答えられたとしたら、私たちは一体どうすればいいのでしょうか。

●「ない＝違う」という答えから批判的思考を促す

　「ない」という答えには二通りの意味があります。一つは「違う」で、もう一つは文字通りの「無い」です。「違う」ということは共感している子どもと正対する立場から登場人物やその言動について考えているわけです。これは多面的・多角的な思考につながり、批判的思考を促すことになります。「その人とは違う気持ちになったってことかな？」と聞いてみましょう。

●「ない＝無い」という答えから未来につなげる

　「子どもの中にはそもそも登場人物と同じような状況になった経験がない子もいる」ということも想定しておく必要があります。「無い」という答えをそのままにしておいては、発言した子の心を傷つけてしまうかもしれません。「そうなんだ、無いんだね。でも、いつか○○のとき、どんな気持ちになるだろうね？」と、その子の未来に目を向けさせてみてはいかがでしょうか。

発問を生かした授業例
教材名「ブランコ乗りとピエロ」（出典：光文書院）

前述のように、「○○のとき、同じ気持ちになったことはないか」という発問は、共感的アプローチで道徳的心情を育むこともできますし、多面的・多角的な思考や批判的思考を促すことも可能です。ここでは、小学校高学年の教材「ブランコ乗りとピエロ」を使った授業例を紹介します。

●展開場面での活用

本教材の中で子どもが最も共感し、互いに理解することや寛容さの大切さについて考えたいと思うのは、夜が更けても、団員たちが引き上げた控室にサムとピエロの声だけがいつまでも聞こえていたという場面でしょう。ここでは、ピエロ（許す側）に共感させることもできますし、サムに共感させ、許される側から相互理解や寛容について考えさせることも可能です。

T　夜が更けてもサムと話しているピエロと同じ気持ちになったことはないかな？
C　ぼく、サッカーでキーパーやってるんだけど、試合である子が無理にシュートして負けてしまったことがあって、チームのみんなで怒ったんだ、「何でパスしなかった！」って。
C　ふうん。それで、どうなったの？
C　「負けたくなかったんだ。チームのために点を入れたかったんだ」って。それを聞いたら、チームのために必死だったんだなって思って…。
T　なるほど、そんなことがあったんだね。
　　逆に、ピエロじゃなくてサムと同じ気持ちになったことがあるって子はいるかな？
C　何度も登場して悪いけど、実は、ぼく、チームのみんなに許してもらったこともあるんだ。
T　ははは、また□□か。いいよ、話してみてよ。
C　さっきと同じで負けているときがあって、最後にコーナーキックになって、ぼくも上がって点を取りに行ったんだ。そしたら、ヘディングに失敗するし、おまけにカウンターで点を取られて…。
C　あ～あ～。
C　でも、みんな、「ドンマイ」って。チームのために一生懸命やった結果だって。ぼく、すごくうれしかったんだ。
C　何か、ピエロとサムみたいで、いいチームだね。

　この授業例では、前頁の❶において紹介したものを活用し、両方の立場で発問してみました。ピエロの立場に絞って問うのもいいと思いますし、「ピエロとは違う気持ちになったことがある人はいますか？」と発問するのもいいと思います。ぜひ、挑戦してみてください。

（谷口雄一）

本当の□□とはなんだろう

種　　類：教材と向き合う発問（分析的発問）
使用場面：展開等

 発問のポイント

❶子どもの探究心を促進する

　この発問は、「なんだろう」と子どもに問いかけているところに特徴があります。問われたことで子どもは一人ひとり、（なんだろう）（これかな）と考え始め、教材と向き合おうとします。つまり、この発問は、子どもに内容項目についての探究活動を促す発問であると言えます。

❷授業の様々な場面で活用する

　展開場面を中心に授業の様々な場面で用いることが可能なこともこの発問の特徴と言えます。以下に導入・展開・終末それぞれの場面での効果を整理しました。

●導入場面で発問する

　まず、「□□ってなんだろう」と問いかけます。すると、子どもの現時点での捉えが出てきます。そこでこの発問をすると、（どれが本当の□□なんだろう）と子どもの探究心を促進することができます。この探究心は、主体的で対話的で、深い学びを生み出す原動力となるでしょう。

●展開場面で発問する

　教材中の人物の心情を考え、それを支えているものについて話し合います。この営みの中で子どもは（□□とはなんだろう）と本時の主題について考えていきます。そこで、「本当の□□とは何か」と問います。すると、子どもは、それまでの話し合いをもとに本時の主題について整理していきます。そして、自分なりの考えを再構築しようとしていくでしょう。

●終末場面で発問する

　教材をもとに話し合うことを通して、子どもは多くの他者の意見にふれることができます。そして、自身の考えを広げながら、同時に考えを深めていきます。そこでこの発問を投げかけることで、自身の捉えを再構築することを促すのです。

発問を生かした授業例
教材名「ないた赤おに」（出典：光文書院）

前述のとおり、「本当の□□とはなんだろう」という発問は、子どもに教材と向き合う必要性をもたせ、内容項目についての探究活動を促します。「ないた赤おに」の授業例を紹介します。

●**展開場面での活用**

本教材の中で子どもが最も感動し、友情について最も分析的に考えたいと思う場面は、最後の赤おにが青おにからの手紙を読み、涙するところでしょう。手紙を読んだ赤おにの心の在り様や、手紙に込められた青おにの思いを考えることを通して、子どもは、友達の気持ちを理解することや自分の思いを相手に伝えることの大切さに気づいていきます。そして、子どもに「本当の友達ってなんだろう」と投げかけます。

T 青おにからの手紙を読んだ赤おには、今、どんなことを考えているんだろうね？
C ぼくはなんてことをしてしまったんだろう。青おにくん、本当にごめんね。
T このごめんは青おにくんを長い旅に出させてしまったことについて謝っているの？
C そう。だって青おにくんが一人ぼっちになってしまうから。
C それもあるけど、（今までのことも含めて）全部謝りたいと思っていると思う。
C えっ、どういうこと？
C 今まで青おにくんはずっと赤おにくんのためにしてきたけど、赤おにくんが考えていたのは、人間と仲良くなりたいってことばかりで、青おにくんのことを全然考えてなかった。自分のことをこんなに大切にしてくれていたのに、気づいていなかったから謝りたい。
C 確かに、そうだね。
T なるほどね…。**みんな、本当の友達ってなんだろうね？**
C う〜ん…。
C 青おにくんのように、自分のことをすごく大切にしてくれる人かな。
C そうだね。だってうれしいもん。
C 私もそう思う。でも、それだけじゃだめだと思う。それだけだと、この２人みたいに悲しいことになってしまうよ。その相手の気持ちをきちんとわかる、考えることができる人が本当の友達なんだと思うな。みんなはどう？

この発問をきっかけに、子どもは教材をもとに考え話し合った内容を振り返ります。そして、その営みの中で出てきた様々な友情観を整理し始めます。中には、「この２人のことを考えながら思い出したんだけど」と自身の経験を振り返る子どももいます。

「本当の友達とはなんだろう」という発問は、友情観を再構築する営みを生み出します。

（谷口雄一）

□□は本当に大切なのだろうか

種　　類：教材と向き合う発問（分析的発問）
使用場面：展開等

 ## 発問のポイント

❶前提を問い直す

　道徳の授業に何か難しさを感じている先生は少なくありません。その原因は、道徳的価値の善さや大切さについて、子どもたちはすでに知っているからです。道徳科の目標に「道徳的諸価値の理解を基に」とあるのは、まさにこのことを表しています。子どもがすでに知っていることを授業で扱うところに道徳科の特徴と難しさがあります。

　しかし、既知と熟知は違います。『中学校学習指導要領（平成29年告示）解説　特別の教科　道徳編』15ページに「ふだんの生活においては分かっていると信じて疑わない様々な道徳的価値について、学校や家庭、地域社会における様々な体験、道徳科における教材との出会いやそれに基づく他者との対話などを手掛かりとして自己との関わりを問い直すことによって、そこから本当の理解が始まるのである」との記述があります。この「問い直す」というのが道徳科の本質的な学びと言えるでしょう。

❷批判的思考を促す

　この発問は、授業で取り上げている道徳的価値や教材に描かれている人物の道徳的な言動について「本当に大切なのだろうか（そうではないのではないか）」と子どもたちに問いかけているところに特徴があります。また、授業の展開部分において子どもたちに投げかけることで、その特徴がより一層生かされます。

　問われたことで子どもたちは一人ひとり、日常生活の中ではもちろん、授業中の対話においても何も疑問を抱かずに「善いもの」と考えていた前提が揺らぎ始めます。（「本当に」と先生が聞いているということは、□□は実は大切とは言えない何かがあるのかな）や（もしかして、□□の他にもっと大切なことがあるのかな）等と悩み始めます。そして、授業が始まってからこれまでの対話を経て出し合った考えを再検討するために教材と向き合おうとするでしょう。その点で、この発問は、子どもたちに批判的思考を促し、道徳的価値についての分析的な探究活動を生み出す発問であると言えます。

発問を生かした授業例
教材名「手品師」（出典：光文書院）

　「□□は本当に大切なのだろうか」という発問は、子どもに道徳的価値についての前提を問い直させ、分析的な探究活動を促します。ここでは、「手品師」の授業例を紹介します。

●展開場面での活用

　本教材を用いて授業をする上で一つ課題となるのが、「大劇場に行く」という自分の夢、つまり、自分自身との約束と、「男の子のところへ行く」という他者との約束の二者択一の構図になっていることです。これまでの人生の中で、思いやりや約束を守ることの大切さを学んできている子どもたちにとって、自分の夢である大劇場に立つことをあきらめ、たった一人のお客様のために手品を演じる手品師の姿は強い感動を呼び起こします。また、「手品師」が掲載されているのは小学校高学年です。思春期を迎えた子どもたちにとって他者との約束を守ることは、大人が思う以上に大きなことと言えます。このため、友人からの電話をきっかけに手品師が迷っている場面を中心にＡの正直、誠実について考えさせようとしても、Ｂの親切、思いやりが前面に出てしまい、議論が深まらないことが多いのです。そこで、子どもたちに「思いやりは本当に大切なのだろうか」と投げかけます。

C 「ぼくにとっては、大切な約束なんだ」って言っているから、やっぱり手品師は男の子が独りぼっちでかわいそうと思っているんだよ。だから、男の子のところに行ったんだよ。
C わたしも同じ意見で、そんな男の子との約束だから、大劇場に行かなかったんだと思う。
T なるほどね……。**でも、みんな。男の子との約束って、本当に大切なのだろうか？**
C え？　大切に決まっているんじゃないの？　もっと他に、大切なことがあるってこと？
C う～ん……。
C もしかしたら、手品師は、男の子との約束と自分の夢、両方守りたかったんじゃないかな。
C えっ、どういうこと？
C だって、大劇場に行っていたら男の子のことが気になって、これから手品をすっきりとできなくなるでしょ。だから、せっかく夢がかなっても夢が台無しになってしまうよね。
C 確かに。
C だけど、男の子のところへ行ったら喜んでもらえるし、自分もうれしい気持ちになれる。だから、また頑張ることができる。大劇場に立つって決めた自分に嘘をつかずに。
C ずっと努力してきたんだもんなあ、この手品師は。そんな自分に嘘つけないよな。

　「□□は本当に大切なのだろうか」という発問は、子どもたちに批判的思考を促し、道徳的価値についての分析的な探究活動を生み出します。

（谷口雄一）

○○の心を支えたものは何か

種　　類：教材と向き合う発問（分析的発問）
使用場面：展開等

 発問のポイント

❶まずはねらいを明確にする

　発問を考える上でそのより所となるのは、本時のねらいだと思います。ねらいは、教師の価値観分析に基づき、子どもたちの実態に応じて定めていくものです。本発問を効果的なものにするためには、まず本時のねらいを明確にしておく必要があります。

❷「○○」には何が入るかをはっきりさせる

　「○○」には、人物の名前や、正義や友情といった道徳的価値そのものが入ることが考えられます。ここでは、道徳的行為をした人物の名前が入ることを前提に考えていきます。

❸「○○の心」を考えることで子どもたちの価値観を引き出す

　「○○の心」とは、教材中の人物の道徳的行為を支えた心であると考えます。行為の裏側にある心の有り様は実に多様です。例えば、親切な行為をした人物がいたとします。その行為の裏にある心は、本当に相手のことを助けたいという思いやりの心の場合もあるし、一方で、その行為を他者にほめられたいから、または、後で見返りがほしいからといった他律的な心の場合もあると思います。行為の裏側にある心には、その人物がもっている固有の価値観が表れるのです。本節で取り上げる「アンパイアの心」では、中心発問で公正・公平な行為を貫いた主人公「公治」の心を問います。公正・公平な行為の裏にある公治の心に迫ることで、子どもたちそれぞれがもっている固有の価値観を引き出すことができると考えます。

❹「○○の心を支えたものは何か」と問うことで考えを収束させる

　この問いは、子どもたちから多様な価値観を引き出した後、それらを再度自分の価値観と照らし合わせながら捉え直し、考えを収束させていく際に有効であると考えます。「アンパイアの心」では、授業の前段で子どもたちは公正・公平に対する多様な価値観に触れています。終盤のこの発問によって、もう一度自分の考えを整理して、価値理解を深めていく場が保障できると考えます。

発問を生かした授業例
教材名「アンパイアの心」（出典：文溪堂）

○ねらい：「ホームランだと、言い直せ」と言われたときの公治の気持ちを考えることを通して、公正・公平に行動するためには、自分の見たこと、考えたことを信じ抜く強い気持ちが大切であることに気づき、不正な行為は絶対に許さないという道徳的心情を養う。

●中心発問以降の主な展開

「ホームランだと、言い直せ」と言われたときの**公治くんの心**を考えましょう。
C　ぼくは絶対に正しいんだ。これは間違いない。だから、何を言われても変えないぞ。
C　今のは絶対にファールだ。この目で見た。ぼくは見たという確信がある。
C　正しいことを言ったら中学生が怒る。でも審判だから正しくないことは言えない。
T　こわい思いをするくらいなら、正しい審判でなくていいんじゃないの？
C　もし、正しくないことを言ってしまったら試合の流れが変わってしまう。確かにこの目で見たから、ファールだったことをきちんと言い抜きたい。
C　正しくないことを言ってしまったらひいきになるし、後悔するから思ったことを貫く。
T　どうして後悔するの？
C　自分が正しいと思ったことを言えないことを後悔すると思います。
C　いろいろな人にうそをつくことになるから後悔すると思います。
T　たくさんの考えが出たね。**こんな公治くんの心を支えたものってなんでしょう。**（出てきた価値観を収束させる発問〜価値理解を深める〜）
C　アンパイアとしてのプライドです。
C　自分がそうだと思った気持ちを強く信じることです。
C　正しいと思ったことを信じる気持ちです。
C　自分が見たことへの確信です。

●子どもの感想

授業後の感想には、公正・公平の価値に対する子どもたちの捉えが思い思いに記されていました。その一つを紹介します。「私は、どんなにおどされても『正しい』と言えるということは、自分を信じる強い気持ちがあるからだと思います。自分を信じることができないと、周りの人に負けてしまうと思います。どんな場面でも、正しいことは『正しい』と言えないと、たくさんの人にうそをついてしまうことになるので、私は自分にうそをつかない強い心をもてる人になりたいです」

（赤松聖則）

○○がそうしたのはなぜか

|種　　類：教材と向き合う発問（分析的発問）|
|使用場面：展開等|

 発問のポイント

❶行為の理由を問うことでその支えとなっている価値観を引き出す

　発問を通して子どもたちに考え、議論させたいことは、本時に扱っている道徳的価値に対する各人の捉え方、つまり価値観であると考えます。本発問は、その価値観を引き出すのに適していると思います。

　発問の「○○」には、教材中の人物の名前が入ります。本発問では、その人物が道徳的行為をした場面を取り上げ、なぜそうしたのかを問います。本節で取り上げる「手品師」の授業では、主人公の手品師が大劇場への誘いを断り、男の子との約束を選んだ理由を問います。ここで予想される反応は大きく三つあります。一つ目は、「男の子がかわいそうだから」「男の子を裏切ることになるから」といった約束した相手を気遣うもの、二つ目は、「約束は守らないといけないから」「約束を破ると悪い評判が立つから」といった「約束」自体の意義や価値に関わるもの、三つ目は「約束を守らないと自分自身が苦しくなるから」「自分が言ったことは最後まで貫くことで心が満足するから」といった正直や誠実の価値に関わるものです。どの理由にも、約束を守る行為を支える価値観が表れています。本発問によって、これらの価値観を子どもたちから引き出すことが授業のポイントになります。

❷出てきた価値観をさらに吟味する

　行為の理由を問う発問では、先に示したように様々な考えが子どもたちから出ることが予想されます。中には、本時にねらっている価値観ではなく、行為の理由を教材の中から答え探しの形で求めたものもあるかもしれません。そこで、子どもたちから様々な考えを引き出した後、それらをさらに吟味していく時間が必要になってきます。

　その場を設けるためには、例えば「これらの考えの中で○○（人物名）が一番強く思っているものはどれだろう」などの問いかけが有効だと考えます。この問いの目的は、答えを一つに絞ったり、収束させたりすることが目的ではなく、子どもたち一人ひとりが改めて様々な考えと向き合い、自分がもっている価値観を自覚したり、友達の価値観を取り入れたりしながら、価値理解を深めていくことにあります。

発問を生かした授業例
教材名「手品師」（出典：教育出版）

○ねらい：手品師が男の子との約束を選んだ理由を考えることを通して、相手に対してはもちろんのこと、自分の信念を大切にしながら自分自身に対しても正直・誠実に生きようとする心情を養う。

●中心発問以降の主な展開

T **手品師が男の子との約束を守ったのはなぜでしょう。**（中心発問～正直・誠実に対する多様な価値観の引き出し～）

C （Aさん）今すぐ行かなかったら、男の子が心配するかもしれないから。

C （Bさん）Aさんに似ていて、もし約束していて行かなかったら、男の子はさびしいと思います。また、あの手品師は裏切ると評判にされたら嫌だからです。

C 大劇場に立つというのが夢で、その夢は何度かチャンスはあるけど、約束は一度しかないから男の子の方を選んだのだと思います。

C （Cさん）Bさんにちょっと似ていて、男の子との約束を破ったら、男の子も心配するし、自分も約束を破ったと心に刻まれていくから悲しい気持ちになります。

C Cさんと似ていて、手品師が約束を破ったら手品師自身も悲しんでしまうし、男の子も手品を見ると期待していたのに、来なかったので残念な気持ちになって、手品師が嫌いになってしまうからだと思います。

C 男の子は自分（手品師）と同じように、一人ぼっちで寂しいので、自分もその男の子のことがよくわかって、もっと男の子が辛くなるのを見れば、自分も男の子のように寂しくなって、辛くなると思います。

C 私は、お金を払ってくれない子どもでも、自分の手品を見て笑顔になってくれたお客さんだから、明日行くと約束したからには行かなければ、男の子が悲しむと思ったからです。

T いろいろな考えが出たね。**この中で手品師が一番強く思っているものはどれだと思いますか。**（発言を板書に整理後、出てきた価値観をさらに吟味する発問～価値観の吟味～）

C やっぱり男の子がかわいそうという気持ちが強いと思います。

C それもあると思うけど、手品師は約束したことは絶対に守らないといけないと強く思っていると思います。約束を破ると自分も相手も悲しくなって幸せにならないと思います。

C 私も少し似ています。約束だから守るのもあるけれど、手品師は自分が言ったことに向き合って約束を大事にしているのだと思います。

　このように中心発問で出た意見をもとに、それぞれの考えをさらに深めていく過程で、正直・誠実に関する価値理解を深めていきました。

（赤松聖則）

○○と○○の考えはどんな違いがあるのか

種　　類：教材と向き合う発問（分析的発問）
使用場面：展開等

発問のポイント

❶二つ（2人）の考えは同じか、違うかを問う

　道徳の教材の中には、複数の異なる考え方が示されているものが多く存在します。本実践で示す教材「絵はがきと切手」（文部科学省）も、その一つです。このような教材の場合は、物事を多面的・多角的に考え、自己の生き方について考えを深める観点からも、すぐさま「どちらの考えに賛成か」を問うのではなく、まずは二つの考えの違いを明らかにしていくことが大切です。教材を読んだ後には、まず「二つ（2人）の考えは同じですか、違いますか」と問い、「違うことは違うけれども、どのように違うのだろう」と子どもに問題意識をもたせるようにします。

❷二つの考え方の違いを表などに整理する

　二つの考え方の違いについては、個人またはペアで考えさせるようにします。その際は、表などに整理して考えさせるのがポイントです。教材にもよりますが、たいてい異なる考え方には、それぞれよさと問題点が存在します。教師も黒板を使って、子どもから出てきたそれぞれの考え方のよさと問題点を整理するようにしましょう。

❸それぞれの考え方のよさと問題点を踏まえた上で、どうするべきかを議論させる

　二つの考え方の違いが明らかになったら、主人公はどうすべきか、または自分ならどうするかを議論させます。ネームプレートを活用して、自分の立場を明確にさせてもよいでしょう。教材によっては、明らかに一方の考え方の方がよいものと、どちらの考え方にもそれぞれのよさがあるものが存在します。授業の終着点を見据えて、後の展開を選択するようにしましょう。

❹二つの考え方の共通点を探らせる

　子どもが二つの考えに割れた場合は、「どちらの考え方にも共通することは何かありますか」と問います。共通点を探らせることで、ねらいとする道徳的価値に迫ることができます。

発問を生かした授業例
教材名「絵はがきと切手」（出典：文部科学省）

○友達関係について考える

　導入では、「本当の友達とはどのような友達か」と発問します。ここでは、「いつもいっしょにいる」「よく遊ぶ」などの意見が出てきます。友達について問題意識が高まったところで、教材を読ませます。

○兄と母の考え方の違いを話し合う

　兄と母から異なる助言を受けた広子が返事に迷っていることを確認し、**「兄と母の考え方にはどんな違いがあるのか」**と発問します。教師はそれぞれのよさと問題点を板書で表に整理します。

○友達としてどうすべきかを考える

　兄と母の考え方の違いが明らかになったところで、友達としてどのような行動をとるべきかを考えさせます。「自分が正子の立場だったらどうか」ということを考えさせてもよいでしょう。お互いの意見の納得した点や納得のいかなかった点について議論させます。

○共通点を考える

　ある程度議論が進んだら、それぞれの考えの共通点は何かを考えさせます。直接発問してもよいですが、「兄と母の考え方は全く違うということでいい？」と揺さぶりをかければ、「いや、どちらも相手の気持ちや今後のことを真剣に考えているという点では同じだよ」というように、自然と子どもが共通点について考えるようになります。

○再度友達関係について考える

　導入で話し合った「本当の友達」について、再度考えさせます。これまでの自分自身の友達への接し方を振り返らせたり、今後の接し方について考えを深めたりすることも大切です。

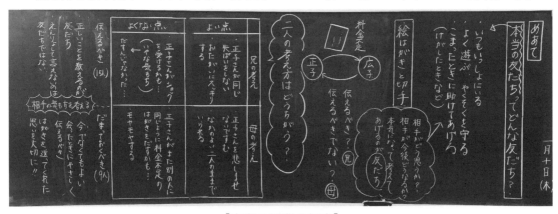

【実際の授業の板書】

（有松浩司）

ＡとＢではどちらが□□か

種　　類：教材と向き合う発問（分析的発問）
使用場面：展開等

💬 発問のポイント

❶黒板を二つに分けて、それぞれの違いを明確にする

　道徳の教材には、複数の事例や人物の考え方が対比的に示されているものがあります。このような教材の場合は、「ＡとＢではどちらが□□か」という発問が効果的です。授業では、まず教材を読んだ後に、右図のように黒板を二つに分けて、それぞれの事例（または人物の考え方）の違いを整理することから始めるようにします。

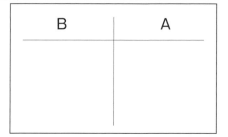

❷「ＡとＢではどちらが□□か」を問う

　二つの違いが明らかになったところで、「ＡとＢではどちらが○○か」という発問を行い、どちらがねらいとする道徳的価値にふさわしいかを議論させます。具体的な発問例としては、以下のようなものが挙げられます。

- ＡとＢではどちらがよいか。
- ＡとＢではどちらが正しいか。
- ＡとＢではどちらが親切か。
- ＡとＢではどちらが友達としてふさわしい行動と言えるか。

　ネームプレートを用いて立場を明確にさせてから議論を行わせるのもよいでしょう。

❸今の自分（または自分たち）が、ＡとＢのどちらであるかを振り返らせる

　ＡとＢではどちらがよいか、どちらが正しいか等が明らかになったら、今度は今の自分（または自分たち）がＡ、Ｂのどちらであるかを振り返らせます。今の自分の位置を客観的に振り返らせることで、今後の生活や生き方について、考えを深めさせることができます。

発問を生かした授業例
教材名「年老いた旅人」(出典:東京書籍)

○きまりについて話し合う

　導入では、本時の課題でもある「きまり」について考えさせます。まずは身の回りにはどんなきまりがあるかを想起させます。

○町と村の違いを考える

　本教材は、年老いた旅人が二つの町と村をめぐり、それぞれの違いを体験するお話です。仮に一つ目に訪れた町をAの町、二つ目に訪れた村をBの村とします。Aの町では厳しいきまりがあり、町はきれいですが、人々は暗く下を向いています。一方でBの村は、人々が幸せに暮らしていけるように自分たちできまりをつくって生活しています。教材を読んだ後に、二つの違いを問い、板書で整理します。

○AとB、どちらがよいか話し合う

　「Aの町とBの村ではどちらがよいか」と問い、考えさせます。ネームプレートを貼らせてもよいでしょう。ほとんどの子どもがBの村を選び、その理由を説明します。その際、「でもきまりは大切だよね。Aの町はきまりがたくさんあるからいいのでは？」と切り返します。その上で、きまりは結局のところ、みんなが気持ちよく生活するためにあるものであるということに気づかせます。

○今の自分たちを振り返る

　今の自分たちが、Aの町とBの村のどちらに近いかを考えさせます。学級の実態にもよりますが、Aの町のように、罰を受けたくないから仕方なく決まりを守っているという子どもも少なからずいると思われます。Bの村のように、みんなが楽しく生活するために進んできまりを守っていこうという今後の生活への展望をもたせるようにしたいものです。

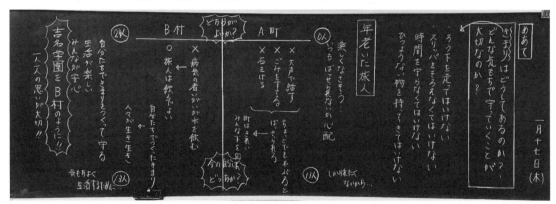

【実際の授業の板書】

(有松浩司)

自分は□□についてどう考えるか

種　　類：教材と向き合う発問（分析的発問）
使用場面：展開等

 発問のポイント

❶導入で「□□とは何か」を問う

「自分は□□についてどう考えるか」という発問を生かすためには、まず導入で「□□とは何か」を明らかにしておく必要があります。「友情とは何か」「親切とは何か」これまでの生活経験から、ねらいとする価値について考えさせておけば、後に価値について深く考えた際に、1時間の授業を通しての自分の考えの変容や深まりを実感させることができます。本授業「うばわれた自由」の場合、導入で「自由とは何か」について考えさせました。

❷教材の中のいくつかの事例や異なる考え方を取り上げる

教材の中にあるいくつかの事例や異なる考え方を取り上げ、それぞれがねらいとする価値にふさわしいかどうかを検討していきます。例えば本授業の場合は、ジェラール王子の考える自由とガリューの考える自由を取り上げ、2人の考える自由がどのように違うかを検討させました。

❸「自分は□□についてどう考えるか」を問い、核心に迫る

2人の考え方の違いが明確になったところで、「ではどちらの自由が『本当の自由』でしょうか？　自分は自由についてどう考えますか？」と発問し、核心に迫るようにします。議論を一層深めるためには、自分の経験談をもとに自分の考えを語らせるようにするとよいでしょう。なかなか教材の枠を越えられない場合は、「例えば？」と切り返すことで、自分事として価値について考えさせるようにします。このように、「自分は□□についてどう考えるか」という発問は、授業の山場、つまり核心に迫る場面で非常に有効です。

❹導入で考えた内容と比較し、価値の変容や深まりを実感させる

授業例のように、導入で用いたイメージマップに、授業後半で新たに見出した価値を付け足すという方法をとれば、価値の変容や深まりを自覚させることができます。

発問を生かした授業例
教材名「うばわれた自由」（出典：光文書院）

○自由について話し合う

　導入では、本時の課題でもある「自由」について考えさせます。「自由」という言葉からイメージする言葉を集めてもよいですし、「自由に○○する」というように、具体的な行動を考えさせてもよいでしょう。子どもから出てきた意見は、板書例にもあるように、イメージマップで黒板に残しておきます。

○教材を読み、２人の考え方の違いを整理する

　ジェラール王子とガリューの考える自由が同じか違うかを問い、その違いについて考えさせます。子どもから出てきた意見は、黒板の左右に分けて記録します。

○どちらの考えが「本当の自由」か、そして自分は自由についてどう考えるかを話し合う

　ジェラール王子の考える自由とガリューの考える自由、どちらが「本当の自由」と言えるかを話し合わせます。そうすれば、自ずと**「自分は自由についてどう考えるか」**が議論の中心になっていきます。その際、「なぜそう思うの？」「例えば？」「みんなの生活でいうとどういうことかな？」などと切り返すことで、子どもに自分事として考えさせるようにします。教材と向き合わせつつも、少しずつ実生活に結び付けて考えさせていくのがポイントです。本当の自由とは、周りの人のことを考えて行動することが大切であることに気づかせていくようにしましょう。

○新しく考えた「自由」について、イメージマップに書き足す

　１時間の授業を通して、新しく「自由」について考えたことを、今度は違う色のチョークでイメージマップに書き足していきます。こうすることで、１時間を通しての価値の変容や深まりを自覚させることができます。

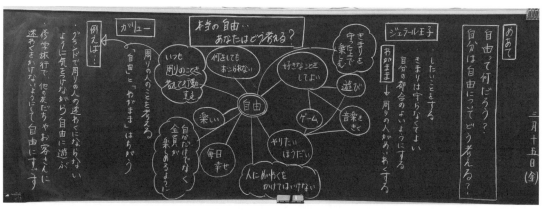

【実際の授業の板書】

（有松浩司）

自分が○○ならばどう考えるか

種　類：教材と向き合う発問（投影的発問）
使用場面：展開等

 発問のポイント

❶自分を主人公に置き換えて考える

　子ども自身を主人公に置き換えさせて、主人公の立場を借りて、自分の考えを生み出し意識できるようなスタイルの発問です。子どもは、この発問により主人公との距離が縮まるようになり、切実感をもって考えるようになります。例えば、「絵はがきと切手」の教材では、「もし自分がひろ子さんならばどうするだろう」と発問したとします。すると子どもは、自分事として、料金不足を「教える」「教えない」などと方法的な議論に入り込みます。また、子どもたちは、対話をしていく中で問題状況に自分を置き換えて、具体的に様々な解決策を見出し、生き方や価値観を磨いていくことになります。

　ここで注意しなければならないことは、子どもたちの話し合いを、方法論で終止してはいけないということです。例えば、「教える」と判断した子が、「正子のお母さんに言った方がよい」と理由を考えたとします。そこで終止せずに、「どうして、お母さんに言った方がよいのでしょうか」と問い返す必要があります。そうすると、その子は「直接、言うと正子を傷つけてしまい、正子の失敗を責めることになってしまうから」と発言するかもしれません。つまり、子どもの発言の内容にある道徳的価値観（この場合だと、正子に対する気遣い、思いやりなど）についてよく聞いて、問い返すことでさらにテーマを深く追求することができ、子どもが主体的に学び続けることにつながるのです。

❷教材のタイプによって発問を考える

　「もし自分が○○ならばどう考えるか」という発問は、主人公と子どもの距離を縮める効果があります。しかし、子どもの現実から遠い実話教材であった場合には、あまりに主人公との立場や生き方が異なるために、主人公に共感できず、子どもの思考がストップしてしまう可能性があります。例えば、偉人や先人を取り扱った教材では、「杉原千畝は、困難を乗り越えるときに○○という考え方を信じて決断したが、もし自分ならどう考えるか」というように偉人や先人の言動など事実をもとに考える機会を与えることで、もし自分ならどう考えるかを考えていくことが大切だと考えます。

発問を生かした授業例
教材名「絵葉書と切手」（出典：学研教育みらい）

●主な展開

T　友達だからできることは？
C　アドバイスできる。わかり合える。
C　素直に気持ちを伝えられる。
C　仲直りできるのもいい友達だね。
C　相手のためになるのがいいね。
C　相手がアドバイスして怒ったら？
C　伝え方が問題なんじゃないの？
C　まず、相手の気持ちが大切！
T　相手の気持ちはどうだろう？

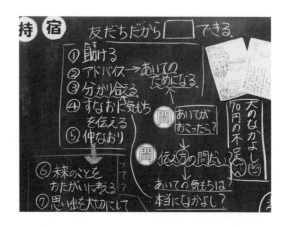

T　**もし自分がひろ子ならどうする？**

　スケール図を使って、それぞれ教えるか教えないかの立場を明確にして理由を問います。スケール図の度合いによって子どもたちの友達観が微妙に変わり、多面的・多角的に捉えることができます。

T　ひろ子は、どのくらい正子のことを思っているでしょうか？

　これまでそれぞれの立場で考えてきた友情観をもとに、さらにひろ子の思いを深く追求する発問をします。さらに深く追求していくことで、ひろ子を支える友情観を対話によって磨くことが大切です。

（古見豪基）

自分ならこの場面でなんと言うか

種　　類：教材と向き合う発問（投影的発問）
使用場面：展開等

 発問のポイント

❶物事を多面的・多角的に考える

「もし自分ならこの場面でなんと言うか」という発問は、行動につながる意思決定力、つまり自ら問題に対して推論し、判断していく力を養うことができると考えられています。この発問のタイプを三種類に分けて考えてみます。一つ目は、「自我関与」です。教材に出てくる主人公を自分、あるいは自分に関係があるものとして考えることができる効果があると考えられています。二つ目は、「前提・事実の検証」です。例えば、「どんなときもきまりを守ることは大切なことである」という仮説を子どもに問うことにします。そして、「もし、あなたならば仲の良い友達がきまりを破ったのを見かけたら厳しく注意できますか」というようにきまりについて検証していくのです。三つ目は、「結論・結果の検証」です。「もし、結果が違う場面でも、あなたなら（主人公なら）同じ行動をとることができたでしょうか」というように、結果を踏まえて、実践につなげる効果が考えられます。

「絵はがきと切手」を例に考えてみます。一つ目は、「もし、あなたが正子さんの立場だったらひろ子さんに郵便料金不足のことを教えますか」です。ここでは、教えることだけが友情であるという価値観に結びつけるのではなく、教えない中に含まれる友情観も吟味していきたいところです。二つ目は、「もし、ひろ子さんが友達思いだとするならば、どういったところですか」です。ひろ子さんの友情観を多面的・多角的に検証していく発問であると言えます。三つ目は、「もし、ひろ子さんが正子さんに教えなければ、ひろ子さんは友達思いではないのでしょうか」です。読み物教材の結果の部分を検証していくことで、改めて自分の友情観を問うことにつながります。

それなりに経験を積み、自己の考え方が形成されてきた小学校高学年・中学生に「あなたならどうするか」と率直に問うと、それまで登場人物に向いていた意識が180度向きを変えて自分に向けられたと感じるでしょう。また、自分の考えに責任が伴い、自己の考えに真剣に向き合う効果があると考えられます。自己の考え方を多面的・多角的に視野を広げることで新しい気づきや発見が見つかり、道徳の授業の楽しさもアップしていくと考えられます。

発問を生かした授業例
教材名「思い切って言ったらどうなるの？」（出典：光文書院）

●主な展開

　導入では、子どもの価値観に基づいた問いづくりを意識し、まず「仲良し」とは、どういうことかを問いました。

　その後、相手にとってのよいアドバイスと悪いアドバイスについて話し合いました。

　その話し合いをもとに「もし自分の立場だったら？」を問うことで自己の経験を引き出し、より主体的な問題意識を高めて、展開に臨みました。

　展開では、このお話の問題点を発見し、それぞれの立場を理解した上で、**「もし自分が私の立場ならば、この場面でなんと言いますか？」**と問います。

　対話の中で、「あやちゃんを変えたい！」という意見がたくさん出てきました。方法的に考える中で、「勇気を出して伝えるにはどうしたらよいか」という意見が出ました。

　そして、勇気の原動力となる思いについて対話する中で、個性を大切にすることや、人間として公正公平であってほしいという心がめぐって勇気となり、相手に伝えることができると子どもたちは気づくことができました。授業を通して子どもたちは、正しいことをするための勇気の原動力となる思いについて学び合うことができたとともに、「相手と対等な立場で友達としてつきあいたい」「みんながたのしく、安心できる関係を築くために、相手のためになることをもとに自分の考えをしっかり伝えることが大切」という友情観を深めることができました。

（古見豪基）

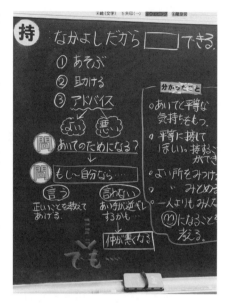
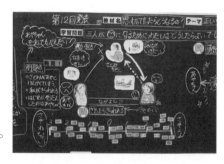

【参考文献】
加藤宣行『考え、議論する道徳に変える発問＆板書の鉄則45』（明治図書）

自分なら○○のようにできるか

種　　類：教材と向き合う発問（投影的発問）
使用場面：展開等

 発問のポイント

❶自分事として考える

　道徳科の学習では、教材に示された問題に対して、子どもたちが自我関与しながら考えることを大切にしたいと考えます。そのためには、「どんな気持ちだったでしょう」といった心情を類推するタイプの発問だけでなく、行為や判断を問うタイプの発問を取り入れることが重要となります。

　子どもたちが行為や判断の妥当性を踏まえて考えを深めるためには、教材に登場する人物の立場と子どもたちとの距離を縮めることが必要です。教材や人物への自我関与なしに、他人事として考えたのでは、現実的な行為の可能性を踏まえた考えの交流とはなりません。「自分なら○○のようにできるか」という発問は、教材と自分とを重ね合わせ、子どもたちが自分事として考えようとする構えをつくることで初めて効果が発揮されるのです。

❷行為や判断そのものではなく、そこに至った思いに迫る

　「自分なら○○のようにできるか」という発問は、「できるか、できないか」だけが問われているように感じられます。また、他の行為や判断の可能性に開かれていないような印象を子どもたちに与えてしまいがちです。

　この発問は、「できるのはよくて、できないのはダメ」という価値の知的教化のために用いるのではありません。どのような判断であっても、その奥にある思いには共通するものがあり、それが本時のねらいやテーマの核心であることに迫ることが大切なのです。

　このジレンマを解消し、発問を機能させるためには、「自分ならどうするか」と、「なぜそう考えたのか」という補助発問を加えることが効果的です。

　例えば、「手品師」の場合、「自分ならどうするか」を加えることで、子どもたちの考えに手品師の行為とは違う判断をする広がりが生まれます。さらに、「なぜそう考えたのか」を加えれば、子どもたちそれぞれの考えの根拠を明らかにすることができます。行為の判断そのものではなく、そこに至った思いに迫るための工夫が重要となります。

発問を生かした授業例
教材名「心と心のあく手」（出典：学研教育みらい）

中心発問で、まず、**「みなさんなら、主人公のように、後ろからそっと見守ることができますか？」**と問いました。おばあさんを助けたいという気持ちから、声をかけずに後ろを歩くことはできるという子どもたちが多かったのですが、「また断られるかもしれないけれど、やっぱり荷物を持ってあげるように声をかけたい」と、こだわりをもって考えている子もいました。

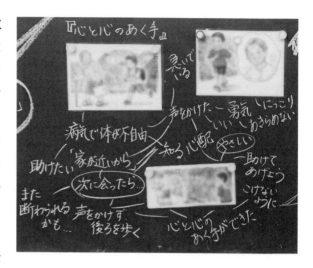

そこで、「また出会ったおばあさんに、もしあなたならどうしますか？」という発問を加えました。

子どもたちは、「心の中で応援する」、「荷物を持ちましょうかと声をかける」、「その他の行動をとる」といった意見に分かれながら、互いの考えを交流しました。行為や判断の違いだけでなく、その理由についても明らかにして話をすることで、それぞれの考えの違いが何に起因しているかということや、判断は違っても思いは共通している部分があることなどに気づくことができました。

この授業では、学習テーマを「親切の根っこにあるものは？」と設定していました。そこで、子どもたちの考えを交流した上で、「それぞれの立場は違っても、共通していたものはどんなことでしたか？」と問いました。

子どもたちは、「助けたいという思い」が立場を越えて根底にあることや、その先に命の大切さを見ていること、さらに、一度だけではなく、何度も続けることだと考えました。そして、思いが通じたことで喜びや感謝が生まれるのが親切のよさであり、根っこにあるものだという本時の共通了解に至りました。

（木原一彰）

○○がしたこと（行為）を
どう思うか

種　　類：教材と向き合う発問（批判的発問）
使用場面：展開等

 発問のポイント

❶「批判的」の意味をとらえなおす

　本節は、批判的発問についての活用を紹介するのですが、まず「批判的」の意味を適切にとらえておく必要があります。「批判」という言葉を「否定」と同義だと単純にとらえていると、「教材の登場人物を非難することによって、道徳的価値の知的理解ができればよし」という価値の教え込みのための発問となってしまうからです。

　ここでいう「批判的発問」とは、教材に示された情報を適切に把握した上で、先入観を可能な限り排除して判断や意志決定を行うことで、子どもたちに客観的・中立的な立場から思考をうながすような発問のことを指します。このように、教師が「批判的」の意味をとらえなおすことで、否定や非難によって一つの答えに焦点化させるような発問から、自分の認識を深めたり転換したりすることで多様な考えを保障する発問へと変わります。

❷行為の奥にある思いを探求するための条件を整える

　単に「したこと（行為）をどう思うか」とだけ問われたとき、子どもたちは肯定か否定かの二者択一を迫られているように感じるでしょう。つまり、この発問の文言だけでは、子どもたちから多様な考えを引き出すことは難しいのです。

　この発問に起因する問題を解消するために、行為の奥にある思いについて可能な限り客観的に判断し、多様に考えることができるための条件を整えることが必要になります。

　例えば、教科書教材だけでなく、それに付随する様々な補足教材を整えることがあげられます。人物教材であれば、その生き方を補足するようなエピソードを用いたり、現代的な諸課題についての教材であれば、法律上の規定を示したりすることで、客観的な判断や多様な考えを保障するための基盤となります。

　また、「したこと（行為）をどう思うか」という発問を踏まえて、「それはどうしてなのか」という追求課題を加えることも有効です。行為の奥にある思いについて、「なぜ」を問うことによって、子どもたちに行為の是非を越えた思考をうながすことができます。

発問を生かした授業例
教材名「こだわりのイナバウアー」（出典：学研教育みらい）

　教科書の教材文以外に、「ソチオリンピックの羽生選手のフリーの演技の映像」と、羽生選手が尊敬する荒川静香さんについてまとめた文章「イナバウアーにこめた思い」（『道徳教育』2018年11月号掲載）とを用意しました。

　はじめに羽生選手の演技の映像を視聴した上で感想交流しました。そして、この演技の中に得点にならない技「イナバウアー」があることと、金メダルのかかる大切な10秒に、羽生選手はあえてこの技を入れたことを示し、子どもたちに**「羽生選手が、イナバウアーを、金メダルのかかったこの10秒に入れたことをどう思うか」**と問いました。

　この発問に対して子どもたちは、「時間のむだなのでは？」と考える一方で、「何かの意味があるのではないか」や「この技に特別な思い入れがあるのではないか」といった探求のもとになる多様な可能性にも思いを至らせていました。

　そこで、教科書の教材文と補助教材「イナバウアーにこめた思い」とを提示し、「なぜ羽生選手はイナバウアーにこだわったのだろう」と問いました。

　子どもたちは、二つの教材から、羽生選手がイナバウアーにこめた思いについて追求していきました。子どもたちは、「高得点もいいが、見てくれているお客さんのためにという思いが勝った」、「自分らしい技として、愛着をもっていた」、「ピンチを支えてくれた荒川さんへの感謝の思いを伝えるために、あえて取り入れた」など、羽生選手の行為や判断の是非を越えて、その奥にある思いに迫って多様に考えを深めることができました。

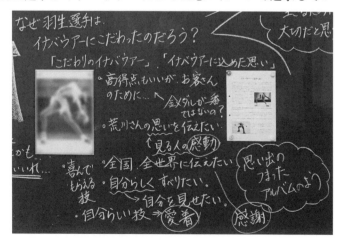

（木原一彰）

○○の生き方をどう思うか

種　　類：教材と向き合う発問（批判的発問）
使用場面：展開等

 発問のポイント

❶追求課題をつくるための発問として活用する

　前節の「○○がしたこと（行為）をどう思うか」と似たタイプの発問ですが、限定された行為や判断ではなく、生き方に対する考えや判断を問うという意味で、より広範で多様な考えが表出されることを期待できます。

　しかし、この問いを有効に活用するためには、この発問の限界も認識しておく必要があります。確かに、教材に登場する人物の生き方について、子どもたちは自分の考えを自由に表現できますが、その反面、話し合いを深めるための焦点化を図ることは、この発問だけでは困難です。多様な考えが羅列されただけになり、子どもたちの思考が拡散したまま収拾がつかなくなる場合もあります。

　この発問を用いたとき、多様な子どもたちの考えの中に、教材を一読しただけでは解決しない疑問が含まれることがあります。それこそが、本時の学習で追求すべき問題となります。本時の追求課題をつくるために、この発問を活用することが、最も効果的だと考えます。

❷人物の生き方への考えを明確にする

　この発問を用いる授業で大切にしたいのは、登場人物の生き方を具体的な事実に基づいて理解し、生き方を支えた思いについて多様な側面から考えることと、自分と同じように登場人物に自己を投影して語る他者の意見を受け止める態度、その実現のための対話的な活動です。

　登場人物の状況や取り巻く環境などを整理して、自分の中に落とし込んだ上で、登場人物と自分とを重ねたとき、「なぜその判断や行動がとれるのか？」について、たとえ自分の経験の外にあるような出来事であっても、考えを及ぼそうとすることこそが、「登場人物への自我関与」だと考えます。この発問では、その前段として、子どもたちなりに人物の生き方への考えを明確にすることが求められるのです。

　これらに留意してこの発問を活用すれば、子どもたちそれぞれの自我関与の総和としての内容項目の深い理解と、自らの生き方についての考えを深める道徳科の学習が実現できます。

発問を生かした授業例
教材名「人生を変えるのは自分―秦由加子のちょう戦―」（出典：教育出版）

教材範読後に、「秦さんの生き方をどう思いますか」と問いました。子どもたちは、教材全体から感じ、考えた生き方についての思いを出し合いました。

骨肉腫のために13歳で足を切断する決断をしたことへの驚きや、つらく苦しいトレーニングを続ける困難さ、それでも、東京パラリンピック優勝に向けて挑戦する前向きさなど、秦さんの生き方について多様な視点から見つめ、考えを交流することができました。

子どもたちが考えを交流する中で、「困難に直面しながらも、前向きに生きることができるのはなぜか」ということについて、問題意識を共有することができました。

そこで、**「なぜ秦さんは夢に向かって前向きに生きることができるのだろう」**という追求課題を中心発問として提示し、考えを交流しました。

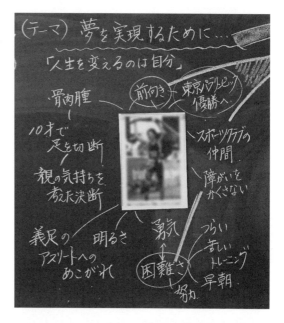

子どもたちは、秦さんの生き方を支えているものとして、「障がいがある自分だからこそできることを目指そうという意欲」や「昔の自分の弱さを乗り越えたいという思い」など、本時の内容項目である「希望と勇気、努力と強い意志」について多面的に考えることができました。

また、「他のパラアスリートへのあこがれやライバル意識」や「支えてくれるコーチや家族への感謝」など、秦さんの生き方に対して他の道徳的諸価値との関連から多角的に見つめ、考えを交流していました。生き方を支えた思いに迫る追求課題を加えることで、この発問の効果を最大限に発揮することができると感じた授業でした。

（木原一彰）

この□□（価値）をどう考えるか

種　　類：教材と向き合う発問（批判的発問）
使用場面：展開等

 発問のポイント

❶子どもも教師も安心して議論できる

　授業の展開によっては、こちらがねらいとしている価値とは別の価値についての話し合いが進んでしまったり、話が広がり過ぎて、本時にねらいとする価値は何だったのかわからなくなってしまったりすることがあります。また、子どもに話し合いを委ねるあまり、教師自身、ねらいとする価値がぶれてしまったり、子どもから価値を引き出そうとするあまり、時間が足りなくなってしまったり…なんてこともあるかと思います。

　そんなときはストレートに「**この□□（価値）をどう考えるか**」という発問はどうでしょうか。子どもの思考が様々だとしても、ねらいとする価値がはっきりし、子どもも教師も安心して議論することができます。

❷ねらいとする価値の発問が深まりを生む

　まず、導入場面でこの発問をすることは、価値に関する興味関心を高めることはもちろん、一人ひとりがすでにもっている価値に対する思いや考えが見える、というよさがあります。中には、自分と友達との考えの違いに気づき"○○さんはどうしてそう思っているのだろう"などと疑問や期待を抱きながら教材に出合うこともあるでしょう。

　展開場面で発問した場合は、その価値について、みんなが同じ土台に立ち、議論が進みやすくなります。また、教材を読んだり友達の考えを聴いたりする中で、今までの自分にはなかった考えが生まれてきます。そこで価値について問うことで、考えが広がったり深まったりします。

　そして終末。追究後、改めて価値について考える場を設けることで、１時間をふり返りながら、自分の考えがより深まったことを実感し、道徳的価値の自覚につなげます。

　どの場面でも子どもたちにとってわかりやすく、有効的な発問ですが、ここでは展開における発問を紹介します。

発問を生かした授業例
教材名「うばわれた自由」（出典：文部科学省）

　教材を読み終えた後に、感想を問いかけました。
　「ジェラールは最後後悔して反省した」「ガリューは正しいと思う」「自分勝手と自由は違うと思う」という意見が出てきました。私は、自分勝手（本時の価値とは逆と捉えた）について話し合い、自由と比較することで、自由という価値に目が向き、さらに価値が掘り起こされていくと考え「自分勝手と自由は違うと思う」という発言を取り上げ「みんなはどう思う？」と問いかけました。すると、「自分勝手は自分だけがいいという考え」「人に迷惑をかける」「きまりやルールがある中での自由だと思う」と、自由についての考えが徐々に出始めました。そこで、今回の**「ガリューの言う本当の自由をどう考える？」**を中心発問として据えました。

　ここで気をつけたことは、今子どもたちが自由について考えようとしているか、という子どもたちの意識の流れを大切にしたことです。今回の発問が、ストレートな発問だとしても、子どもたち自身が「考えたい・考えてみよう」と思わなければ価値は深まりませんし"突然先生がクイズを出してきた"そんな感覚になる子どももいるかもしれません。展開場面では、子どもたちの言葉をよく聴き、表情を見て、タイミングよく発問することが大切です。

　中心発問を据えた後は、学習カードを配り、じっくりと考え、書く時間を設けました。子どもたちの声が飛び交う場面も素敵ですが、シーンとなって考える場が、教材や自分の心と向き合うことにつながります。10分程経ったところで、考えを伝え合う場を設けました。「きまりやルールの中に本当の自由が生まれる」「ルールを守ることで誰もが安心する。そこにいい自由がある」「本当の自由は人のことを思うことで生まれる」「みんなが楽しくて誰も損をしないこと」「相手にとっても自分にとってもプラスになること」などと出てきました。考えが発表される中でも「〇〇さんは本当の自由を〜って考えるんだね」と、共感し認める言葉を短めに話し、板書で位置づけていきました。それは、どの考えも、その子がもっている唯一の価値観だからです。しかし、どの子の考えにも「相手意識をもち、周囲の人のことを考えること」が含まれていることがわかりました。

　「□□をどう考えるか」という発問は、一人ひとりの価値観の違いが十分に表れ、どの子の考えもみんなが共感的に受け止められます。その考えの中に、共通するものが見えたときには、その学級が大事にしていきたい価値観として位置づけていくことができます。ふとした日常会話の中で、その価値観が子どもの口から語られたら、大変うれしいことです。

（權田愛香）

○○は本当にそうしてよいのか

種　　類：教材と向き合う発問（批判的発問）
使用場面：展開等

 ## 発問のポイント

❶きれいごとや上辺だけ語られる授業を転換する

「○○（主人公）は思いやりがあってすごいと思う」「ぼくも○○（主人公）のようになりたい」こちらがねらっている発言が次々と出てきて授業がきれいに流れたとき、私たち教師は"うまくいった"そんな気持ちになります。しかし、本当に価値は深まっているのでしょうか。そんな授業こそ、子どもも教師も立ち止まる場面が必要かもしれません。

そこで、教材に出てくる登場人物を**批判的に見つめ直す場面をつくる**ことで、価値がより深まるということを紹介します。

❷本音が語りやすくなる

登場人物を評価する（今回は批判する）ということは、本音や自分の考えを語ることが苦手な子どもにとって、非常に有効的な手段になります。その人物の行為や考えに対して、自分がどう思うか、どう感じるか、といった自分の価値観に基づく意見をもたなければ、人物を評価することはできません。つまり、その子ならではの本音が語られやすくなるのです。

❸心の揺れを引き出す

批判的に見つめる場合でも、登場人物の行為や考えに十分共感することが大切です。発問前に人物の行為や考え、心の迷いに対して共感的に受け止める場を設けたり、発問後には、批判的な意見を出すばかりではなく、共感的な意見も出し合ったりします。このようにして"そうしたくなる気持ちがわかるな。でも…"と、自分自身の心の揺れを引き出します。この心の揺れや葛藤が、価値の深まりにつながります。日常生活の中でも、心の揺れは、精神面での成長に欠かせません。迷ったり悩んだりして見出した行為は、非常に価値あるものになり、人生の貴重な財産として積み重なっていきます。だからこそ、道徳の時間に、心の揺れを引き出したいのです。

発問を生かした授業例
教材名「手品師」（出典：光村図書）

　教材に出合うと、Kさんは「すごく迷っていたと思う。自分の夢もあったし」と、手品師の迷いに注目して語りました。Sさんも「売れたい！って思っていたし、今までのがんばりを思い出してすごく迷っていた」と語りました。このような主人公の心の迷いを共感的に受け止めている子どもたちの考えを板書に位置づけました。

　その後、中心発問に「どうして男の子を選んだのか」を据えました。子どもたちは、手品師が男の子との約束を守ったわけを「男の子の方が先に約束したし裏切っちゃいけないって思っていた」「たった一人でも約束は約束」と『誠実な心』の中身を子どもたちなりに表現していきました。ここで、もう一歩深めたいと考え、心揺さぶる場面をつくりました。**「本当に男の子を選んでよかったのかな」**と問いかけると子どもたちは「よかった」と力強く頷きましたが「次の日に男の子に手品を披露すればよかったのでは？」と付け足すと、一瞬教室が静まりました。ふと立ち止まり、もう一度自分の考えを見つめ直した場面だったと思います。「それは自分だけ有名になってお金をもらうことが目的になっている」「自分だけの得なんじゃないか。人の得まで考えることが大事だと思う」「お金とか自分の欲よりも、男の子に希望を与えられる手品師の方がいい」と、カードに書かれていない考えが出されました。これは、手品師を批判的に見たことで"それは違う"という強い思いが生まれ、手品師の誠実な行為の奥にあるものを訴えたくなったのではないかと考えました。

　振り返りで「よく○○してあげたのにって言う人もいるし自分も言うときがある。それは"お返し（見返り）"がほしいから。でもそれは本当に人を思ってやっているわけではないと思った」「欲のない人間にはなれないけど、人を思って実行できる人間になりたい」などと、批判的発問後の友達の発言をもとに、感想を書く子どもが多く見られました。

　今回は、教師から批判的に見る視点を与えましたが「自分だったら大舞台の方を選ぶけどな」といった、子どもたちの本音が出てくると、もっと自然な流れで議論ができると思います。そのためには、道徳の時間に限らず、人間の自然性の部分を共感的に受け止めながら、本音を自由に語り合える雰囲気をつくっていく必要があります。

　このように「本当にそうしてよかったのか」「こうすればよかったんじゃないか」と、主人公を批判的に見つめ直す場面をつくることで、一定の距離と角度から主人公を見ていた子どもたちが、もっと近くで、またはもっと離れた距離とあらゆる角度から主人公を見つめ直します。すると、こちらが予想していなかった考えが出され、教師自身の価値も深まることに気がつきます。

（權田愛香）

○○に心打たれるのはなぜか

種　　類：教材と向き合う発問（批判的発問）
使用場面：展開等

 発問のポイント

❶初発の感想から自然な流れで発問する

　教材に出合った子どもたちは、様々な場面について様々な角度からの感想をもちます。内容の分析、主人公に共感する気持ち、怒り、疑問、登場人物のすごさ……。教師は、子どもたちが語るすべての感想を受け入れながら、発言を板書で整理したり全体に問い返したりして、本時の価値に迫っていけるような支援をしていきます。やはり一番多く出される感想は「主人公のすごさ」「感動したこと」などといった、価値に触れた感想ではないでしょうか。
　「○○に心打たれるのはなぜか」は、こういった子どもたちの感想から、自然な流れで道徳的価値の自覚につなげることのできる発問です。

❷道徳的価値の自覚につながる

　普段"すごいな""感動するな"（心打たれる）と感じることがあっても、"なぜ私は感動しているのだろう"と、そこまで深く考えることは少ないと思います。感動している自分の心に「なぜ？」と問いかけながら、感動の中身をはっきりさせていくことは、道徳の授業の中で大切にしたいことの一つです。自分がよいと感じているわけを明確にすることで、価値の中身がより具体的に掘り起こされ、価値の自覚につながります。

❸感じ方が磨かれる

　この発問は、子どもたちが"○○に心を打たれた"という共通の意識をもって話し合います。ベースが同じなので自分の考えを話すことへの抵抗が少なくなるとともに、友達の考えに共感的に耳を傾けることができます。例えば「虹がきれいだね」と共通の意識をもったとします。共通の意識であるということだけで、安心してそのわけを話すことができます。Aさんは「あの色合いがきれい」Bさんは「雲がかかっていてそのバランスがいい」と、互いに感動したポイントが違うということを認識するだけで、感じ方が磨かれるのではないでしょうか。気楽に話すことができるフリートーク等で、たくさんの感じ方に触れられるような場をつくってみてください。

発問を生かした授業例
教材名「マザー＝テレサ」（出典：光村図書）

　本教材は、テレサの生き方から、思いやりの心をもって人と接したり、社会のために役立ったりすることの喜びを感じるとともに、自分たちはこれからどう生きていくのか、考え合う展開が提案できます。

　教材に出合った子どもたちは、思いやり溢れる数々のテレサの行為に目を向けていきました。「一人のおばあさんのために病院へ急ぐことがすごい」「命ある人を見放せない、というところが本当に優しい人だと思った」「ここを動きません、なんてだれにでもできることじゃないと思う」と、どの子もテレサの行為に感動しているようでした。そこで**テレサの行動に心打たれるのはなぜだろう**と発問し、考えをカードに書く時間を設けました。カードに書く様子を見ていると、本当に多様な考え、感じ方が見られました。

　この発問のよさは、前頁でも示したとおり「話すことへの抵抗が少なく」「共感的に聞くことができる」という点です。だからこそ、多くの友達の考えに触れるチャンスと考え、この時間はフリートークの場を設定しました。自由に教室を歩き回り、いろいろな友達と考えを交流し合う方法で行いました。似ている考えの友達には「似ている！私はね……」と話したり、違う考えの友達には「あ〜確かに」と共感したりしながら交流していました。まずカードに考えていることを表現する（書く）ことで、テレサのどんな行為に、そしてどんな生き方に自分が憧れているのか、その価値を自覚し始め、さらに友達に向けて考えていることを表現する（話す）ことで、価値を自覚していきます。

　しかし、フリートークをして多くの考えに触れただけでは、価値を深めるところまではいきません。フリートーク後にも、全体で話し合う場が必要です。そこで何を話し合うのかは、こちら次第です。本時のねらいとする価値に迫る子どもの考えや、教師自身の心に響き"この考えを是非みんなに出合わせたい"そう感じた考えを取り上げ、全体で掘り起こしていくことで、価値の深まりにつながることでしょう。

　私が本時に取り上げた考えは、Ｈさんの「人はみんな愛を受けて生まれるから、死を迎えるときだって愛を受けて死ねるように、テレサが愛を与えた」という考えです。その考えから"同じ人間だからこそ、どんな人でも平等に愛を与え続けた"というテレサの思いやりの深さを感じるとともに、愛に溢れる周囲の人々への関わり方に、憧れを抱くことができました。

（權田愛香）

○○にどんなことが言いたいか

種　　類：教材と向き合う発問（批判的発問）
使用場面：展開等

 発問のポイント

❶全員を共通の場面や心に向き合わせる

　道徳の教材では多くの場合、道徳的な行為をする登場人物が描かれています。時には複数の登場人物の道徳的な行為が描かれていることもあります。そのため、すべての子どもが同じ登場人物に最も着目するわけではありません。子どもそれぞれがもつ経験や見方・考え方によって着目する登場人物は様々です。

　そこで有効なのが、「○○にどんなことが言いたいか」です。○○には教師が最も着目させたい登場人物が入ります。

　この発問によって学級全員が共通の登場人物の道徳的行為とその行為のもとになっている心に一気に向き合うことができます。

　別な登場人物に着目していた子どもがいても、その登場人物のことも踏まえ、言いたいことを考えるでしょう。さらに言いたいこととともにその理由を出し合わせながら、全員が共通の登場人物の行為の理由や心について考えるという、中心課題へと向かわせることができます。

❷１時間の学びを振り返らせる

　ある教材の導入場面で「○○にどんなことを言いたいか」という発問をしたとします。その際、終末場面でもう一度この発問をすることで１時間の学びを振り返ることができるでしょう。

　例えば、導入段階では、「そんなことするのは必要ない」とか、「なぜそこまでする必要があるのかわからない」と批判的な立場で言っていた子どもも１時間の学びを経て考えが変容していることが考えられます。その変容は、子どもの道徳的な見方・考え方の広まり、深まりであると捉えられます。さらに教師自身の授業評価にもなります。

　終末でもう一度「○○にどんなことが言いたいか」と発問し、子ども自身の１時間の学びや変容について振り返りを書かせ、ぜひ教師自身の授業評価にもつなげて下さい。

発問を生かした授業例
教材名「お母さんのせいきゅう書」(出典：光文書院)

　「お母さんのせいきゅう書」に出合った子どもたちは、多くの場合、「涙をためてお金を返したブラッドレー」に着目します。自分の年齢と近いブラッドレーと自分を重ねるからです。しかし中には「0セント」と書いたお母さんに目を見向ける子どももいます。

　この教材の内容項目は「C−(15)家族愛、家庭生活の充実」です。お金を返したブラッドレーの思いを追求させても、お母さんが「0セント」と書いたブラッドレーに対する思いを追求させても、どちらでもねらいに迫る授業展開は構想できるでしょう。しかし、より子どもたちが自分を重ねて考えやすいのは自分と同年代であるブラッドレーの思いでしょう。ですからここではブラッドレーの思いを追求する授業例を紹介します。

　子どもたちに教材と出合わせたあと、目に涙をためてお金を返した場面ついて**「ブラッドレーにどんなことが言いたいか」**と発問します。するとブラッドレーの行為に反発する子どもは、「お金を返さなくってもいいんじゃないの」。驚く子どもは、「どうして返すの。もらっておけばいいのに」などと発言するかもしれません。理解できない子どもからは「なぜ泣いてるの」などの発言も考えられます。

　ブラッドレーに共感する子どもは「お母さんの愛情に気づいたんだね」などと発言するかもしれません。理解を示す子どもは「えらいね。私もきっとそうするよ」などと発言するでしょう。「看病代0セント」などのお母さんの優しさに目を向けていた子どもは、それも踏まえて、「お金よりも大切なことに気づいたんだね」などの発言もあるかもしれません。

　これらの発言をきっかけに、「目に涙をためてお金を返したブラッドレーの心のもとにあるものは、いったいなんなのか」という課題を追求させていくことができます。

　終末では意図的に「ブラッドレーにどんなことを言いたいか」と同じ発問をし、振り返りとして書かせて見るとよいでしょう。

　「最初はブラッドレーがなぜ目に涙をためてお金を返したのかわかりませんでした。返す必要なんてないと思っていました。でも、みんなの考えを聞いてお母さんが自分のことをとても大切にしていることや、家族のつながりはお金よりも大切なんだということに気づいたからだとわかりました。だから今は『私もあなたみたいに、家族のつながりを大切にする心を大切にしていきたいよ』と言いたいです」など、自分の生き方についての考えの理解を深めたり、より多面的・多角的に考えたりしたことを書く姿が期待できます。そのことで1時間の学びとして振り返り、教師もこの授業を評価することができるのではないでしょうか。

(川口　陽)

この話に納得できるか

種　　類：教材と向き合う発問（批判的発問）
使用場面：展開等

 発問のポイント

❶「他者理解」を深める

「納得できるか」と発問することは同時に「納得できないか」という発問をしていることにもなります。当然ながら、すべての子どもがどちらかを選べるわけではありません。

ですから、発問に対する子どもの言葉としては「納得できる」「納得できない」「迷っている」の大きく三つということになります。

ただ「納得できる」「納得できない」にしても100％という子は少ないでしょう。ですから心情円盤などをもたせ、発問に対して２色で割合を示させることも有効です。そして、なぜ「納得できる」「できない」「迷っている」なのかを「だってね」「でもね」と理由を言わせていきます。そうすることで自分と「同じ」「違う」「似ている」などの他者の考えに出合わせ、「他者理解」につなげることができます。

❷あらすじ理解とともに中心課題にもつなげられる

「納得できるか」という発問も、その扱い方によって２通りあります。

一つは教材の話の全体に対して「納得できるか」と発問する場合です。この場合、「○○場面は納得できるが、△△場面は納得できない」などと捉えを出し合わせながら、話のあらすじを押さえることもできます。授業を構想する上で、時間の使い方としても有効であるし、その後の中心的な学習課題へと子どもの意識を自然とつなげるためにも有効と言えるでしょう。

もう一つは、ねらいへと迫らせるために、教師が意図的に場面を絞って発問する場合です。子どもたちが話の内容をしっかり理解した上で、ある場面、ある登場人物、ある行動について「納得できるか」と発問します。その後❶のように「だってね」「でもね」と共感的な理由や批判的な理由を語らせていきます。そうすることで、この発問自体を中心課題として授業を展開していくことができるのではないでしょうか。

発問を生かした授業例
教材名「わたしたちもしごとをしたい」（出典：光文書院）

「わたしたちもしごとをしたい」は2年生の教材（C－⑭勤労、公共の精神）です。

隣町で地震が起き、自分の町の大人たちは手助けに出かけたため、ポンタ君たちは自分から進んで働き始め、最後は「ごほうびをいただかなくてもしごとをつづけたい」と言います。

「わたしたちもしごとをしたい」と出合ったあと、話全体に対して**この話に納得できますか**と発問します。2年生ですので「納得」という言葉の理解が難しい子には、「『納得できる』は『うんうん』、『納得できない』は『う～ん』だよ」と置き換えてあげることも必要かもしれません。

進んで働き始めた場面に目を向けている子どもは、ほとんど「納得できる」という反応を示します。しかし「ごほうびをいただかなくてもしごとをつづけたい」という言葉に目を向けている子どもの中には、「納得できない」という反応の子どもも出てきます。「ごほうびがほしい」というのは、子どもの正直な気持ちでしょうから。

その後、子どもたちから出てきた「納得できる」場面と「納得できない」場面を押さえていきます。そうすると、「すすんでしごとをする」場面について、多くの子どもが「いいことだ」と納得できることが明らかになります。しかし、「ごほうびをいただかなくてもしごとをつづけたい」ということには、納得できない子どももいることが明らかになります。この違いから自然に「ごほうびをいただかなくてもしごとをつづけたい」という言葉に目を向けさせることができます。そして「ポンタ君がごほうびをいただかなくてもしごとをつづけたくなったのはどんな思いからか」といった課題を自然に位置づけることができます。この際、心情円盤やネームプレートを用いて、視覚的に「納得できる」の度合いを板書に位置づけておく等すれば、子どもたちの課題意識は、なお一層強くなるでしょう。

最初から「ごほうびをいただかなくてもしごとをつづけたい」の場面を取り上げて、そのことについて「納得できるか」と発問する展開も考えられます。この場合も「納得できる」「納得できない」の違い（理由の違い、子どもの数の違い）を板書で視覚的に見せながら、ポンタ君の思いについての課題を位置づけることができます。

課題を位置づけたあとは、「納得できるか」の発問に対する「でもね」「だってね」の後に表れていた理由を改めて取り上げます。低学年ということもあり、特に「ポンタの話」だけに終わらせないよう意識し、少しずつ自分と関わらせながら「納得できる」「できない」の理由を考えさせていくことで、ねらいへと迫らせていく授業が展開できるのではないでしょうか。

（川口　陽）

○○さんの考えに対してみんなは どう思うか

種　　類：考えを一層深める発問（補助発問等）
使用場面：展開等

 発問のポイント

❶「他者理解」を深める

　この発問は当然ながら、中心発問・中心課題に対して子どもたちが考えを出し合った後で用いることになります。いくつか出された子どもの考えの中から、意図的に特定のものを取り上げて、「○○さんの考えに対してみんなはどう思うか」と発問することになります。
　その際、大きく分けて2通りの発問が想定されます。
　一つは、授業者がもっている「ねらい」とは遠い考えを、あえて取り上げて発問する場合です。そのことによって、自分の考えとは違う他者の考えについてじっくり考えて他者理解を深めることができます。また自分の考えをさらに補強していくことにもつながります。
　この場合、発問をした後にポイントがあります。それは、たとえ同じ考え、似た考えでもしっかりと理由を語らせ、わずかな違いを教師が見逃さないことです。
　理由の中に、子どもの道徳的な見方・考え方が表出します。子ども自身は「○○さんと同じ」と思って発言していても、実は違うということがあります。そこを教師が見逃さず、取り上げ、広げていくことで、全体の考えを深め、「ねらい」へと迫らせていくことができる展開が期待できます。

❷「価値理解」を深める

　もう一つは❶と反対で、ねらいと近い子どもの考えを取り上げて発問する場合です。授業の中では、どうしてもねらいとは遠い考えに固執し、終始してしまう子どももいます。そんな子どもは自己を見つめているからこそ固執する場合が多く、それはそれで道徳性を養うために必要な学習です。しかしできれば、「ねらい」に近い考えにも触れさせたいものです。そんなとき、ねらいと近い子どもの考えを取り上げ「○○さんの考えに対してみんなはどう思うか」という発問をすれば、「なるほど、そんな考え方もあるのか」と友達の言葉や考えをもとにして、道徳的諸価値の理解を深めることができるのではないでしょうか。

発問を生かした授業例
教材名「みんなのためにできること」（出典：光文書院）

「みんなのためにできること」は4年生の教材（C-⑭勤労、公共の精神）です。

4年生になった「ぼくたち」が「みんなのために何ができるか」を話し合い、「うら門のまわりを掃除する」ことに決め、ずっと続けているという話です。

「みんなのためにできること」は、「毎朝早めに登校して自主的に裏門の掃除をする」という、決して楽ではないことをずっと続けられるのはなぜなのかということを、子どもたちが追究する価値があります。そのため中心課題を「どうして『ぼくたち』は1か月も掃除を続けられたのかな」にしたとします。その課題に対する考えには、A「先生やみんなにほめられるから」B「みんなで決めたことだから」C「上級生になったから」D「友達と力を合わせたから」E「みんなの役に立つとうれしいから」など様々想定されます。

どの考えも「働く喜び」のもとになるものであり、みんなのために働こうとする意欲や態度につながりそうです。しかし、C「上級生になったから」だけは子どもの道徳的な見方・考え方が表出されておらず、「ねらい」からは遠い考えと捉えられます。

そこで、「**○○さんの（上級生になったから、という）考えに対して、みんなはどう思いますか**」と発問します。

すると、「上級生になったから、下級生のためにできることをしようと思ったんだ」「上級生になったから、学校全体のためにがんばろうと思ったんだ」などと、より深まった考えが出されることが期待されます。同じ「上級生になったから」であっても、前者は下級生に対する思いやりを、後者は上級生としての責任の自覚を大切にした考えです。

それらの違いを明らかにしながら授業を展開していくことで、多面的・多角的に考えながら、他者理解を深めていくことができます。

また、「ほめられて頑張ったことがある」という経験の子は多いので、A「先生やみんなにほめられるから」という考えに固執してしまう子どもが出ることも考えられます。そこで、Eの「○○さんの『みんなの役に立つとうれしいから』という考えに対してどう思いますか」と発問します。すると「ほめられるとうれしいから」と考えていた子どもも、「確かにほめられる言葉だけじゃなくて、感謝の言葉を言われたときもうれしいな」などと、自分の経験を重ねたり、合わせて考えたりして、働くことの喜びについて新たな感じ方や考え方を生み出していくことにつながるでしょう。

（川口　陽）

それでいいのか？
（先生は○○だと思う）

種　　類：考えを一層深める発問（補助発問等）
使用場面：展開等

 発問のポイント

❶違う視点の考えに出合わせて揺さぶる

　特に子どもの生活に近い教材などのとき、子どもに共通した経験があって、授業の展開前段でみんなが同じ考え方に落ち着いてしまい、教室が安定した状況になることがあります。

　そんなとき、「それでいいのか？」（先生は○○だと思う）と発問し、違う視点の考え方や、より「ねらい」に近い考えを持ち出すのです。そうすることによって、安定した教室状況を揺さぶります。安定した教室状況を「考え、議論する」状況へと替えるため、さらに新たな視点、深い視点に出合わせるために発問するのです。

❷「ねらい」から遠い考えに教師が同調して揺さぶる

　もう一つは2通り以上の考えが出ているときに、あえてねらいから遠い考えの方に教師が同調するように発問する場合です。

　例えば、AとBの2通りの考えが出されていたとします。「ねらい」としていた考え方はBの方であるとします。そんなときに、「（本当に）Bでいいのか？（先生はAだと思う）」と発問するのです。そうすると、教師がAに同調することに揺さぶられ「Bでいい」ことの理由を主張し始める子どもが出てきます。そのことで、「考え、議論する」展開にもち込むことができます。そしてBの考えがさらに深まったり、新たな感じ方や考え方が出てきたりすることが期待されます。

　「先生はAだと思う」に賛成して、Aの考えを主張してくる場合もあります。その場合においても、賛成の理由をしっかりと主張させることで、実はBと似ているところがあったり、新たな感じ方や考え方が生み出されたり、という場合も考えられます。

発問を生かした授業例
教材名「めざせ、百八十回！」（出典：光文書院）

「めざせ、百八十回！」は6年生の教材（A-(4)個性の伸長）です。

卒業間近の愛菜が、目標に向けて長縄に取り組む中で、同じチームの奈々子を通して自分の長所や短所を見つめながら、長縄の記録とともに自分自身を伸ばしていく話です。

学習する子どもたちにも身近な設定の話です。

授業における中心課題を「愛菜が変わったのはなぜかな」とした場合を例とします。それに対する考えとして、「奈々子の『えがお』や『きつい言い方をしない』というところを自分も見習おうと思ったから」という考えで安定してしまう状況が想定されます。なぜなら、教材文にもそう書かれていますし、「友達のよさを見習おう」ということは、小学校生活の指導場面としてよくあるからです。このままでは、課題に対する答えを見つけただけに過ぎず「考え、議論する道徳」にはなりません。深まりもありません。「奈々子を見習おう」と思った理由にこそ、道徳的な価値があるので、もっと深める必要があります。

そこで**「『奈々子を見習おうと思った』でいいのか。先生は愛菜が『自分の強い口調を反省したから』変わったと思う」**と発問します。「見習おうと思ったから」という教材に書かれていることで安定する状況に「反省したから」という違う視点に出合わせるのです。

このことで、「確かに。愛菜は自分の強い口調を反省したからこそ、見習おうと思ったんだから、自分を見つめることが大切なんだ」といった考えや、「強い口調で言うよりも、明るく前向きな奈々子みたいな口調で言った方がいいことに気づいたことが、変わるきっかけになったんだ」といった新たな考えにつながる展開が考えられます。

また別な展開で、すでに「奈々子を見習おうと思ったから変わったんだ」「自分の強い口調を反省したから変わったんだ」の2通りが板書にすでに位置づいていたとします。

その場合はあえて、「見習おうと思った」に同調して、「『反省したから変わった』でいいのか。先生は見習おうと思ったから変わったんだと思う」と発問します。

すると「反省があったからこそ、見習おうと思ったんだと思う」「二つの考えはつながっているから、見習おうとするきっかけが大切だと思う」「ただ口調が強かったと反省しただけじゃなくて、奈々子のよさを見て自分を見つめ直したんだと思う」など、「反省した」の理由をより具体的に主張しながら、自然に「個性の伸長」というねらいにせまっていく展開を期待することができます。

（川口　陽）

人間としてどうあるべきか

種　　類：考えを一層深める発問（補助発問等）
使用場面：展開等

 ## 発問のポイント

❶教材と自分の生き方をつなぐ

　今回紹介する教材は、「六千人の命のビザ―杉原千畝―」です。この教材は、内容項目D－⑵「よりよく生きる喜び」について考える教材です。千畝のビザ発給について話し合い、弱い自分を乗り越えて、夢や希望に向かって、自分の目指す生き方や自分らしく誇りある生き方について考えさせます。当たり前のことですが、子どもにとって千畝の偉業は、真似のできるようなことではありません。特に第二次世界大戦下において、多くのユダヤ人の命を助けようとビザを発給した千畝の人道的な行動は、まさに偉業です。国の命令に背き、自分や家族の命も危うくなる中でも、そのように行動できたのはなぜか、千畝を突き動かしたものは何かを考えていく必要があります。このような場面において、「人間としてどうあるべきか」という発問は、偉業を支えている千畝のよりよい生き方について考え、自分の生き方につなげられるものを見つけ出していこうとする思考を促すことができます。

❷学んだことを生き方につなぎ、意欲を高める

　高学年の教科書には、偉人の教材が多いです。そのような教材では、偉業を知り、その素晴らしさを感得する授業が多いようです。そのような学習展開でもよいのですが、子どもたちの生き方へつながる授業になったのかという疑問が残ります。つまり、偉人のすごさには触れたものの、自分の考えを一層深めたとは言い難い授業となることが多いようです。そこで、「人間としてどうあるべきか」という発問が有効になります。それは、偉人の生き方と自分の生き方の共通点をみつけ、つなぐ思考の架け橋となるからです。

　先にも述べましたが、「人間としてどうあるべきか」という発問は、自分の生き方について考えを深める問いかけです。ですから、学んだことを自分の考えとしてまとめる発問だと言えます。偉人たちが、偉業を成し得ることができた「人間としてのよさ」を考えさせる大切な問いかけとなり、子どもたちが、一人の人（間）として、どのようなことを大切にして、これから生きていくのかを考え、意欲を高めることができる発問となります。

発問を生かした授業例
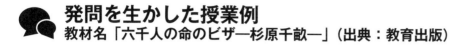
教材名「六千人の命のビザ―杉原千畝―」（出典：教育出版）

　人間には、誰しも弱い心と強い心があり、その二つの心が常に揺れ動いて生きています。よって、導入では、「弱さ（弱い心）を乗り越えていくことのできる強い人は、どんな人か」について子どもたちと考えることが大切だと思い、一人ひとりに問いをもたせることにしました。

　展開では、自分ならビザを出すか出さないかという問題を考えさせます。この活動では、千畝の決断の難しさに直面させます。その後、千畝は、どうしてビザを書き続けたのかを（偉業を支えるよりよい生き方について）考えさせます。

　終末では、弱さを乗り越えていくために必要な生き方を考えさせます。ここで「人間としてどうあるべきか？」という発問をして、千畝の生き方から学んだことをまとめ、自分の生き方へ反映できる考えを深めさせます。

●授業の実際（終末部分）
T　人間としてどうあるべきか？
C　困っている人がいたら、どんな人でも助けたいと思うことが人間。
C　人間として大事なことは、人のいのちを助けること。
C　自分と人を平等に思うことが、人間としてあるべきこと。
C　人間として大事なことは、人を助けること、助け合うことが一番大切。
C　困っている人を助ける心があることが、人間として最も大切。
C　人間として、未来を築く階段を一段ずつあがるものだと思いました。そのためには、①自分の心がきれいであること。②やさしく、人を思いやる心が生まれること。③困っている人を助けたいという思いが生まれること。④人から愛され、友達がたくさんできること。⑤人と心をつなぎ、信頼できる人になること。⑥人のために努力できる人になること。⑦自分の全力を出し、命を守れる人になること。⑧みんなと自分を平等に考えられる人になること。⑨世界をしあわせにすることができること。⑩最後に美しい未来をつくりだすことができること。以上のように10の階段があり、人間は、美しい未来へと導く階段を上っていくことが大切だと思います。
C　命を守る＋努力＝使命だと思います。だから人間は未来を平和にする力があると思います。
C　まず、人と心をつなぐことができれば、命をかけて努力することや自分の全力が出せます。だから、世界の人々を幸せにできたり、世界を平和にすることができたりします。最後に、美しい未来をつくりだすことができるのです。このすべてが、人間としてあるべき姿だと言えます。私もそんな人になりたいです。千畝の素晴らしさがわかりました。　（竹井秀文）

他に考えるべきことはないか

種　　類：考えを一層深める発問（補助発問等）
使用場面：展開等

 発問のポイント

❶教材を多面的・多角的に考える

　今回紹介する教材は、「心と心のあく手」です。この教材は、内容項目Ｂ-(7)「親切、思いやり」について考える教材です。自分の心と相手の心が結びつくことについて話し合い、相手を思いやるとはどういうことか、自分の気持ちと相手の気持ちを重ねて深く考えさせることが大切になります。その内容は、主人公のぼくと近所のおばあさんとの心温まる話です。荷物を重そうに運ぶおばあさんを見かけて、ぼくはどうしようか迷います。転びそうになったおばあさんに、思わず声をかけます。しかし、おばあさんは、親切を断ります。そこで、「（他に）考えるべきことはないか？」と発問をします。そのおばあさんに関する情報や親切を断った理由などを考えることで、おばあさんのことを深く理解しようとします。

　教材では、数日後、またおばあさんに出会いますが、おばあさんの様子を見て、自分ができることを考えています。この姿こそ、「他に考えるべきことはないか？」を考えている姿であり、相手を思いやった親切について思考することにつながります。教材の中の主人公のように、本教材を読んで学んでいる子どもたちにも同じような思考を促す発問だと言えます。

❷多面的、多角的に考え、生き方の幅を広げる

　「他に考えるべきことはないか？」という発問は、自分の考えをより広げていこうという問いかけです。ですから、「親切、思いやり」のように、他者（相手）に対する思いをどれほど広げていけるのかが重要なポイントとなります。本教材に限らず、内容項目Ｂ（主として人との関わりに関すること）において、人間関係づくりの基盤として他者への想像力を膨らませていくためにも「他に考えるべきことはないか？」と問いかけることは大きな意味をもちます。本教材「心と心のあく手」に話を戻すならば、「心と心を握手させるために、他に考えるべきことはないか？」という大きなテーマ性をもった発問として活用ができます。

　このように、発問自体が教材にのみ働くものではなく、子どもたちのよりよい人間関係づくりにも働く大切な問いかけとなります。それは、多面的・多角的な考える力を育み、豊かな人間関係を構築できる生き方の幅を広げることができるからです。

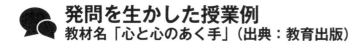
発問を生かした授業例
教材名「心と心のあく手」（出典：教育出版）

　導入では、「親切にするとは、どのようにすることか」という問いを子どもたちとつくりました。それは、困っている人に気づけるやさしさに加え、その人を思えば思うほどに親切にできる姿が本物になることを教材から理解してもらいたいからです。

　おばあさんは、主人公（ぼく）の親切をきっぱりと断ります。親切を断られた理由はいくつも考えられるため、展開では、「（他に）考えるべきことはないか」という発問をします。この発問により、おばあさんは、なぜ親切を断ったのか、足が不自由なのにどうして断ったのかという現状分析と客観性について考えさせることができます。そして、時と場に応じて「ぼく」の親切が変容していく意味についても多面的・多角的に考えを広げていけます。

　終末では、教材名である「心と心のあく手」ができるために、「他に考えるべきことはないか」と発問し、教材をこえて、本当の親切とはどのようにすることなのかという自分なりの考えをまとめさせたいです。そして、このようなふれあいを通して、心と心が握手したような柔らかな感性を「人間のよさ」として感じ取れる人を育てたいと思います。

●実際の授業
T　（親切を断ったわけを）考えるべきことはないかな。
C　おばあさんには、なんらかの事情があって、親切を断ったと思う。
C　ぼくに声をかけられてうれしかったと思うが、いらない親切だったのではないか。
C　歩く練習をしているから、親切がよけいなお世話になったのではないか。
C　でも、親切にしたいときは、断られるかもしれないけれどなるべく声をかけるべきだ。
C　残念に思う必要はない。なにか事情があったと思う。
T　（心と心があく手をするために）他に考えるべきことはないかな。
C　あく手するためには、相手のことを知らないとできない。
C　相手を知ることで、本当の気持ちがわかって、心と心があく手できる。
C　本当の気持ちがわかれば、いろいろな親切があることを知って、あく手ができる。
C　見守るという親切は、何もしていないけれど、相手が最も喜ぶ親切。だからあく手できる。
C　親切をする場合は、相手を知ることがとても重要で、相手を知れば知るほどなんとかしようと思いやりの心がふくらむ。だから、心と心があく手できると思う。
C　親切にする姿がなくても、相手の心によりそう温かい心があればいいと思う。それが思いやりだと思う。
C　心と心があく手するとは、心と心をつなげて生きていくことだと思う。

（竹井秀文）

逆に考えたらどうか

種　　類：考えを一層深める発問（補助発問等）
使用場面：展開等

 ## 発問のポイント

　道徳授業にはいくつかの課題があります。
・授業が単調に流れてしまい、深い学びにつながっていかない。
・形式的な言葉のやりとりに終始し、わかりきったことを言わせたり書かせたりする授業が多い。

　これらの課題を解決する手立てとして、子どもの実態、教材の内容に応じた適切な発問と的確な問い返しや揺さぶりが有効です。それが、主体的な深い学びと授業の活性化につながっていきます。そこで、「○○さんは、どんな気持ちだったでしょうか。その理由も考えましょう」といった発問の後、問い返しの発問として「逆の立場の△△さんだったら、どうでしょうか」と問うことで、それまで気づかなかった思いや願いを理解し、何が問題になっているのか、自分にできることは何かなどについて考えを深めていくことができます。「泣いた赤おに」を活用し、立場を逆にして考えてみることを通して、課題に対する解決の方法を探ります。

❶主人公の立場について深く考える

　「泣いた赤おに」は、友達の赤鬼が村人と仲良く暮らしていけるように、自分を犠牲にして友達の願いをかなえようとした青鬼の友情に視点を当てた内容です。ここで、泣いた赤鬼の心情だけを扱うことは、深い学びにつながっていきません。

　そこで、「赤鬼は、自分のために旅に出た青鬼に対して、どんな気持ちだったでしょうか」と問います。次に、青鬼の立場になり「青鬼は、どんなことを考えて家を出て行ったのでしょうか」と問うことで、本当の友達とはどのような存在であるかを考えます。そして自分のために家を離れていった青鬼の心情を考え、泣き崩れる赤鬼の気持ちを考えることを通して、真の友情について考えを深めることができます。

❷どうすればよかったか考える

　最後に、赤鬼と青鬼は、どうすればよかったのかについてじっくり考え、自分だったらという視点で記述させることで、ねらいに迫ることができます。

発問を生かした授業例
教材名「泣いた赤おに」（出典：学研教育みらい）

○ねらい：友達と互いに理解し、信頼し、友情を深めようとする心情を育てる

　様々な状況を想定し、具体的な対応策を準備しておくことが授業を深めていくことにつながります。特に、補助発問や問い返しの発問を具体的に複数準備しておくことで、状況に応じた主体的で深い学びを可能にします。また、子どもの側に立った問い返しの発問によって、より一層友情という道徳的な価値について追求していくことができます。

●**主な展開**

T　青鬼の書いた貼り紙を読んだ赤鬼は、どんなことを考えたでしょうか。（発問1）
C　ぼくのために、青鬼くんが出て行ってしまった。
C　早く青鬼くんを探してあやまろう。
T　逆に、青鬼はどんなことを考えて家を出て行ったのでしょうか。
C　友達の赤鬼が村人と仲良く暮らしていければそれでうれしい。家を出ていくのは悲しいけれど赤鬼のためだから仕方がない。
C　大切な赤鬼が喜んでくれたら、ぼくは我慢できる。それが友達だと思う。
C　いつまでも幸せに暮らしてほしい。
※ここで、再度、発問1を行う。
C　自分のことしか考えていなかった。一番大切な友達の青鬼がいなくなるなんて、悲しすぎる。早く探しに行こう。
C　村人と仲良くできるのはうれしい。でも、青鬼の方が一番大事だ。あんなことを頼んだぼくが悪かった。早く帰ってきてほしい。
T　みなさんは、まわりの友達に対して、どんなことに気をつけていきますか。（中心発問）
C　自分のことだけではなく、互いに仲良く助け合っていけるように、友達の気持ちを考えて行動していく。

　終末では、教師の体験談を語りました。
　授業では、子どもたちは友情に関わる深まりを表現していました。特に、赤鬼だけではなく、逆の立場として青鬼の心情もじっくり考えたことで、信頼や友情についての在り方を見つめることができました。

（土田暢也）

分けて考えたらどうか

種　　類：考えを一層深める発問(補助発問等)
使用場面：展開等

 発問のポイント

　心情や判断を問う発問では、立場や場面を分けて考えたり、意見を整理し議論したりすることにより、思考を深め自己を見つめることにつながっていきます。
　「なぜ、○○さんは迷ったのでしょうか。その理由も書きましょう」といった発問の後、問い返しの発問として、「△△さんが、○○さんの迷った理由を知ったら、どんな気持ちになると思いますか」など、心情の変化を分けて考え、想像し共有することで、より一層、主体的、対話的な深い学びが可能になります。

❶主人公の迷っている気持ちを考える

　「絵葉書と切手」という教材は、定番の教材として活用されてきました。友達が故意に間違ったわけではない定型外郵便の料金について、その間違いを伝えるべきか、伝えないでおくべきかで悩む主人公の揺れ動く心情に焦点を当てています。そこで、「母と兄の考えを聞いたひろ子は、なぜ、迷ってしまったのでしょうか。その理由も考えましょう」という発問を通して、ひろ子の思い悩む心情についてじっくり考えることが大切です。

❷相手の人の気持ちを考える

　次に、料金不足を知らずにいる正子に対して、友達として事実を伝えるべきか、黙っているべきかで悩むひろ子の心情について考える時間を確保します。信頼や友情といった道徳的価値について深く思考することが大切です。

❸どうするべきかについて分けて考える

　「もし、正子がひろ子の迷っている気持ちを知ったとしたら、どんな気持ちになると思いますか」という発問によって、正直に、誠実に事実を伝えることが、真の友情につながっていくことを学んでいきます。
　登場人物の心情や判断を分けて考えたり立場を変えて議論したりすることで、より一層深い学びにつながり、道徳性の育成を可能にします。

発問を生かした授業例
教材名「絵葉書と切手」（出典：学研教育みらい）

　授業のねらいは、「互いに信頼し、忠告し合い、友情を深めようとする心情を育てる」になります。そこで、「母と兄の考えを聞いたひろ子は、なぜ、迷ってしまったのでしょうか。その理由も考えましょう」という発問を通して思考を深めていきます。迷っている理由は、次の3点です。

・本当のことを言ったら、せっかく正子が出してくれたはがきの意味が消えてしまう。そして、嫌な気持ちになって友達関係が悪くなってしまうかもしれない。だから、黙っていた方がお互いに気持ちよくいられる。
・本当の友達なら、正直に間違っていたことを伝えた方がよい。もし、教えてあげなかったら、正子がまた同じ失敗を繰り返すかもしれない。
・後で料金不足を知った正子が、何で教えてくれなかったのかといって怒り出すかもしれない。
　次に、問い返しの発問をします。（分けて考える）

「もし正子が、ひろ子の迷っている気持ちを知ったとしたら、どんな気持ちになると思いますか。その理由も書きましょう」

○本当のことを言ってほしい
・友達なのだから、正直にうそをつかないで事実を伝えてもらいたい。その方がうれしい。
・正子だったら、本当のことを伝えてもらえたらすごくうれしいし、感謝すると思う。それが、本当の友達だと思う。

○黙っていてもらいたい
・せっかく、はがきを送ったのだから、黙っていてほしい。そうすれば、今までのように仲良くできる。

　正子の立場ならどうかについて考えることを通して、本当の友達としての在り方を深く考えることができました。

　中心発問では、「みなさんがひろ子さんだったら、どのようにしますか。理由も書きましょう」と問いました。子どもからは、「友達だから正直に事実を伝えます。いつまでも友達でいたいからです」という意見が出ました。
　ひろ子は、真の友情の在り方を深く考えて、正子に事実を伝えるべきであるということを多くの子どもが自分の言葉で表現しました。

（土田暢也）

ここに何かを加えたらどうか

種　　類：考えを一層深める発問（補助発問等）
使用場面：展開等

 発問のポイント

❶どちらの立場に共感できるかを問う

例えば「すれちがい」という教材で、この発問について考えてみます。

この教材は、よし子とえり子の2人の日記で構成されています。ピアノの稽古に一緒に行く約束をした2人でしたが、それぞれの事情によってすれちがいになり、互いに不信感をもつ状況が描かれています。その2人の言い分について考えることを通して、互いに理解し、広い心をもつことの大切さを学んでいきます。

2人とも納得できる言い分がある反面、問題になる状況も出てきます。それらについて、その理由を考えてみることが大切です。「あなたは、どちらの言い分に賛成しますか」という発問によってすれちがいの原因を探り、それを互いに受け入れようとする気持ちが寛容の心につながっていくことを学びます。

❷言葉や場面を加える

「すれちがい」では、2人の日記は対立した場面で終わっています。そこで、「お互いがわかり合えるようにするために、それぞれの言い分に何か言葉を加えてみましょう」という発問をすることで、相手の立場や意見を尊重し、広い心で対応することの大切さに気づかせるようにします。

2人の言い分に何を加えるかを考えた後、「次の日、2人が出会った場面を加えるとしたらどのような会話になると思いますか。役割演技をしてみましょう」と指示します。新たな場面を想定し役割演技をすることで、自分の思いを伝えることの大切さ、相手を理解し受け止めることのよさを実感させるようにします。

❸心のすれ違いを防ぐ方法を考える

最後に、自分の経験と重ね合わせながら、互いの心がすれちがわないようにするためにはどのような気持ちが大切かについて、自分のこととして考え、書く時間を確保します。そして、記述した内容を共有できる場を設けて、学級全体の意識を高めるようにしていきます。

発問を生かした授業例
教材名「すれちがい」(出典:学研教育みらい)

●主な展開

T 友達と考えや気持ちがすれ違って、うまくいかなかったことはありますか。
C グループで相談していたとき、意見が分かれて、だんだんけんかになってしまった。
T よし子が怒っているのはどうしてでしょうか。
C どうして電話をくれなかったの。
C えり子が誘っておいて、こんなに待たせて来ないなんてひどい。
C 約束を破るのは絶対に許せない。
T 逆にえり子が怒っている原因は何でしょうか。
C ちゃんと電話をしたけど、誰も出なかった。
C 話も聞かずに怒るなんてひどすぎる。
C 勝手に自分の都合で時間を決めておいて、遅れた理由も聞かないで許せない。
T 2人の日記は、対立した場面で終わっています。そこで、お互いが分かり合えるようにするために、それぞれの言い分に何か言葉を加えてみましょう。

○よし子の日記(加えた文章)
・友達のえり子さんは、平気で約束を破るような人ではない。何かわけがあって来ることができなくなったのかもしれない。明日、会ったらくわしくわけを聞いてみよう。

○えり子の日記(加えた文章)
・よし子さんは、広場で長い時間待っていたのだから、怒っているのは当然なのかもしれない。私も待たされたら腹が立つと思う。もう一度遅れた理由をしっかり伝えよう。

T 次の日、2人が出会った場面を加えるとしたらどのような会話になると思いますか。役割演技をしてみましょう。

えり子:昨日は約束の時間に行けなくてごめんなさい。お母さんから買い物を頼まれて時間に間に合わなかったの。
よし子:私の方こそ、最後まできちんとわけも聞かずに怒ってしまってごめんなさい。
えり子:次は、また一緒にピアノのけいこに行こうね。
T あなたは、これから友達とどのように付き合っていきますか。
C 自分の勝手な判断で決めつけたりせず、相手の話をしっかり聞いてから自分の気持ちを伝えるようにしたい。

(土田暢也)

もし、○○の場合だったらどうか

種　　類：考えを一層深める発問（補助発問等）
使用場面：展開等

 発問のポイント

❶自分事として考える

　「思いもよらぬ出来事」という教材があります。この教材は、主人公の「私」が自分のために行った行為を親切な行為と受け止めた「おばさん」の誠実で謙虚な行為によって、「私」自身が深く人の親切や思いやりの価値に気づき、人の優しさや誠実に行動することのすばらしさを感じ取っていく内容です。200円を入れてあげた「私」の気持ちと、200円を出してもらった「おばさん」の気持ちを対比することで、より深く親切という行為の意味を考えることにつながっていきます。おばさんの誠実で謙虚な言動を自分事として受け止めるためには、「もし自分がおばさんの場合（立場）だったらどうするか」という視点に立って考えることが重要です。おばさんが、私の行為を親切、思いやりとして強く感じ、「どうしてもお礼を言いたい」「お金を返したい」「このままにはしておけない」という気持ちを抱き、2週間も同じ場所で待っていてくれたことや出してあげた金額以上に返してくれたことなどの行為が強く心に響きます。そこで、「もし、あなたがおばさんの場合（立場）だったらどうすると思いますか」という発問をすることによって、おばさんの行為のすばらしさをより一層感じることにつながっていきます。それが、人としての在り方、生き方の礎となっていきます。

❷相手の誠実な言動に対する自分の対応の仕方について考える

　「おばさんをすばらしい人だと思う『私』の心にあるのは、どんな気持ちでしょうか」という発問をすることで、私の心を大きく動かした心情を探ります。さらに、「相手に対する心のこもった対応が、人の心を大きく動かすのはなぜでしょうか」といった発問によって、親切や思いやりという価値の本質に関わる深い学びを可能にします。そして、人の優しさ、謙虚さ、誠実さといった道徳的価値のすばらしさを感じ、共有することで実践意欲が高まります。

❸「優しさ」の本質に迫る

　最後に、「優しさとは、どんなことでしょうか」と問うことで、自分のこれまでの経験を振り返り、これからの生活に生かしていこうとする心情を高めます。

発問を生かした授業例
教材名「思いもよらぬ出来事」(出典:学研教育みらい)

●主な展開

　導入では、駅構内の雑踏の様子、乗車券売機に並ぶ列の様子を映像で紹介します。

　実際の場面の様子を見ることで、「私」と「おばさん」の状況を視覚的に想像させ、教材の内容に共感させます。また、雑踏の中で、一度会っただけの人を2週間探し続ける困難さを感じさせます。

T　不足分の200円を入れた「私」は、どんな気持ちをもっていたのでしょうか。
C　急いでいるのだから、もたもたしないで早く両替してほしい。
C　200円出すから、早く切符を買ってほしい。
T　「私」に200円を入れてもらった「おばさん」は、どんな気持ちだったでしょうか。
C　見知らぬ人なのに200円貸してくれて、なんて優しい人なのだろう。
C　混んでいるときだから、本当に助かった。
T　もし、あなたが「おばさん」の場合(立場)だったら、この後どうしますか。その理由も書きましょう。
C　借りた200円は返したいが、混んでいる駅の中で探し出すのは難しい。ぼくだったらきっとあきらめてしまうと思う。
C　明日、同じ時間に駅に行って200円を返してお礼が言いたい。でも、その人が来るかどうかわからない。会えるかどうか心配だ。
T　「おばさん」を素晴らしい人だと思う「私」の心にある思いは、どんなことでしょうか。
C　ここまでしてくれる「おばさん」は、本当に優しくてすごい人だと思った。
C　200円は貸したけれど、それは自分のためにやったことだ。それなのに、「おばさん」は誠意をもって2週間も自分を探し続け、それも200円ではなく1000円も返してくれた。本当に誠実ですごい人だと思う。
T　相手に対する心のこもった対応が、人の心を大きく動かすのはなぜでしょうか。
C　本当の優しさや真心が、人の心に響き、感動を与えるものだと思った。

　終末では、東日本大震災や熊本地震などの災害時での思いやりにあふれたエピソードから、食べ物を配給されている場面で、小さい子どもや高齢者の方に順番を譲ってあげる高校生の姿を紹介しました。

(土田暢也)

登場人物はどうしたらよかったか

種　　類：考えを一層深める発問（補助発問等）
使用場面：展開等

発問のポイント

❶主体的に考える

　道徳授業でいろいろな教材を読む場合、それを他人事として受け身で考えているうちは、心に響いてこないものです。「登場人物はどうしたらよかったか」と発問すると、子どもは「登場人物はどうしたらよかったか」と考えると同時に「自分が登場人物だったらどうするか」と考えます。このように主体的に考えることにより、教材の中の問題が切実な問題として子どもの心に迫ってきます。

　他人事であれば建前できれいごとを言える場合でも、自分のこととして捉え、その結果に責任をとらなければならないとなれば、真剣に考えます。

❷類似の発問

・「この場面で登場人物はどうしたらよいか」
・「登場人物はどうすべきか」
・「登場人物はどうすることができるか」

　これらの発問は、登場人物に共感しながら、多角的・批判的・創造的な考えを促すことができます。

　また、自分自身の問題として捉える次のような発問も、これと同じ種類の発問です。

・「自分だったらどうするか」
・「自分ならこれからどうしたらよいか」
・「自分ならどうすべきか」
・「自分ならどうできるか」

　さらに、「人間としてどうあるべきか」も、同じ種類の発問です。

　この中でも、「自分だったらどうするか」という発問は、多くの教材で使われています。ただ、この発問は、すべての教材に有効なわけではありません。教材の中身を考えて用いるようにしないと、従来のような画一的な授業を生むことになってしまいます。

発問を生かした授業例
教材名「雨のバス停りゅう所で」(出典：教育出版)

「登場人物はどうしたらよかったか」という発問は、問題の解決を具体的な行動面で考えるように促す発問です。このように具体的な行動を問う発問をする場合は、その根拠を問う発問も同時にしなければなりません。

この教材では、よし子の行動に問題があり、それをどのように改善すべきかを話し合う必要があります。したがって、「登場人物（よし子）はどうしたらよかったか」という発問が有効です。

実際の授業では、「よし子はどうしたらよかったか」と問う前に、「なぜお母さんは怒っているのだろう」と問い、次に「よし子はどうしたらよかったか」と問いかけました。こうした方が、いきなり「よし子はどうしたらよかったか」と問うよりも、子どもは深く考えることができます。

●授業の実際

T　なぜお母さんは怒っているのだろう。
C　バスで座れることよりも、マナーを守ることの方が大切だから。
C　自分の子どもがマナーを守れなかったことが、許せなかったから。

T　よし子はどうしたらよかったか。
C　きちんと並んで待つべきだった。
C　バス停の様子や周りの人間をよく見てから行動するべきだった。
C　みんなが気持ちよくバスに乗れるように考えるべきだった。

バスを降りた後、よし子とお母さんがバス停留場での出来事について会話をする場面を役割演技させることにしました。これは、もとの教材には書かれていない場面なので、子どもは意欲的に考えました。

役割演技におけるお母さん役として、子どもではなく、実際の保護者に演じてもらいました。子どもは会話の相手が、普段接している同じクラスの子どものお母さんなので、より実感をともなった演技ができました。お母さん役の保護者の受け答えが上手だったこともあり、よし子を演じた子どもは、自分のしたことを反省し、マナーを守ることの大切さを実感的に理解することができました。役割演技を見ていた観客の子どもたちも、自分のしたことを反省するよし子に共感し、マナーを守ることの大切さを実感的に理解することができました。

問題解決的な学習においては、考え、議論することも大切ですが、教材によっては、このように役割演技を取り入れることによって、子どもたちは、考え、議論したことを実感的に理解することができます。

（山田　誠）

もっとよい解決方法は何か

種　類：考えを一層深める発問（補助発問等）
使用場面：展開等

 発問のポイント

❶複数の解決策を考えるよう促す発問

　客観的事実や因果関係を考え、当事者の心情を考え、さまざまな可能性を考えることで、複数の実現可能な解決策を考えるように促す発問です。例えば、「別のやりかたはできないだろうか」「ほかに考え（解決策）はありませんか」と問います。

　ただ、これは社会科の時間ではなく、道徳科の時間における発問なので、方法論で終わってはなりません。社会科ならば、具体的なよりよい解決策を考えることができればよしとしますが、道徳科ではその解決策の元になる心が大切です。したがって、道徳科では「もっとよい解決策は何か」と問うだけでなく、「なぜその解決策がもっとよい」と思うかと問う必要があります。道徳科では、具体的な事実だけでなく、その根拠を明らかにすることが大切です。

❷類似の発問

　「もっとよい解決方法は何か」という発問は、解決策を構想するよう促す発問で、これ以外にも次のような発問が考えられる。

○問題解決に目を向けさせる発問

　誰かに問題の責任を追求するのではなく、問題の原因と解決策を尋ねます。例えば、「失敗したのは誰のせいか」ではなく、「何が問題だったか」「これからどうすればいいだろう」と発問します。

○Win-Win型の解決策を考えるように促す発問

　問題をWin-Win型で解決するために、当事者の利害関係を調整したり、補完をつくり出したりして、互いに納得し合う合意を形成できる代替案を考えます。例えば、「みんなが幸せになるためには、どうすればいいだろう」と発問します。

○経験から成功の法則を導き出すように促す発問

　子どもの過去の体験や見聞をリソース（資源）として成功の法則を導き出すように尋ねます。例えば「過去にあなたがうまくいったときは、どのようにしましたか」と発問します。

発問を生かした授業例
教材名「たびにでて」（出典：文部科学省）

　気持ちのよい返事やあいさつは、人と人とを結びつけ、お互いの心を明るくさせます。それは社会生活の基本であり、できるだけ早い時期に習慣として身につけさせる必要があります。本時においては、あいさつをしない島でのけいたの立場で「あいさつをしないことからどんな問題が生じるか」「お互いに気持ちよく過ごすためにはどうしたらよいか」を子どもたちに考えさせます。

●授業の実際
T　けいたは、なぜあいさつをしなかったのでしょう。
C　面倒くさいから。恥ずかしいから。うるさいから。
T　あいさつのない島では何が問題になっているのでしょう。
C　あいさつをしないので、気分が悪い。
C　誰とも仲よくなれない。
T　けいたは、どうすればいいでしょうか（もっとよい解決方法は何か）。
C　あいさつをした方がいい。その方が気持ちいいから。
C　あいさつを広めたらいい。そうすると、みんなと仲よくなれる。
C　あいさつをすると、自分の気持ちが相手に伝わる。

　ここでは、子どもたちは、あいさつすることの大切さを確認し、あいさつのよさを話し合いました。そこで、あいさつのよさを実感するための体験的活動を行うことにしました。まず、「勝ち負けじゃんけん」を行いました。これは、「勝ち負けあいさつ、じゃんけんほい」と言って、勝った人があいさつをするゲームです。負けた人はあいさつをしてはいけません。次に「あいこじゃんけん」を行った。これは、「あいこであいさつ、じゃんけんほい」と言って、あいこになったら、両方があいさつをするゲームです。1年生の子どもたちは、とても楽しそうにこのゲームを行いました。

　ただ、道徳の時間にこのような体験的活動を行うときは、それらの活動について振り返りを行う必要があります。本時では、体験的活動の後に感想を書かせて発表させました。「勝ち負けじゃんけん」では、「じゃんけんをして楽しかった」という感想が多かったですが、中には「じゃんけんで負けてあいさつできないとがっかりする」という感想を発表した子もいました。「あいこじゃんけん」でも、「じゃんけんをして楽しかった」という感想が多い中で、「お互いにあいさつできたので、うれしかった」という感想を発表した子もいました。子どもたちは、この体験的活動を通してあいさつのよさを実感することができました。

（山田　誠）

自分が同じようにされてもよいか

種　　類：考えを一層深める発問（補助発問等）
使用場面：展開等

 発問のポイント

❶可逆性を考える

　相手の立場も考慮して、「自分がそうされてもよいか」と可逆性を尋ねます。このように他者（相手や第三者）の立場に自分を置き換え、その解決策が自分に適用されてもよいかをたずねることで、より広い視野で多面的・多角的に物事を考え、様々な他者に対する思いやりの念を高めるようになります。

❷類似の発問

　「自分が同じようにされてもよいか」という発問は、解決策を吟味するよう促す発問で、これ以外にも次のような発問が考えられます。

○解決策の結果をたずねる発問
　解決策を実行した場合の論理的な帰結や感情的な帰結を想像させます。例えば、「もし親切にしたら、どうなると思いますか」と発問します。

○前提条件を変える発問
　TPO（時間・場所・状況）を変えて同じ問題を尋ねます。例えば、「大事な用事があるときでも、そうしますか」と発問します。

○解決策の普遍性をたずねる発問
　解決策が普遍的に誰にでも適用できるかをたずねる。例えば、「誰にでもそうしますか」と発問します。

○より高いレベルの価値に気づかせる発問
　子どもの考えより一段高いレベルの価値に気づかせる。例えば、仲良しグループのことしか考えない子どもに、「学級全体のことを考えるとどうか」「地域社会のことを考えるとどうか」と発問します。

○どれが最もよいかをたずねる発問
　複数の選択肢の中でどれが最善か尋ねます。例えば、「この中でどれが一番いいか」と問います。

発問を生かした授業例
教材名「絵はがきと切手」（出典：日本文教出版）

　この教材では、ひろ子の立場で「もし自分がひろ子だったらどうしますか」と尋ねるのが一般的です。そうすると、子どもたちは「料金不足を教えない」が多く、「教える」が少数派になる傾向があります。「教えない」理由を尋ねると、「正子に嫌な思いをさせたくない」「かわいそう」と答えることが多くなります。

　そこで、可逆性の発問として「あなたが正子なら、どうして欲しいですか」と尋ねると、今度は逆に「自分が正子なら教えて欲しい」と答える方が多数派になります。

●授業の実際
T　もし自分がひろ子だったら、郵便料金の不足を正子に教えますか。
C　教える　12名／教えない　17名
【主な理由】
・（教える）郵便料金の不足を教えないと、正子が他の友達にも料金不足のはがきを送ってしまい、その友達から悪く思われてしまうから。
・（教えない）きれいな絵はがきを送ってくれたのに「70円不足だよ」と言ったら、正子が嫌な気持ちになるから。

T　もし自分が正子だったら、料金不足を教えてほしいですか。
C　教えてほしい　25名／教えてほしくない　4名
【主な理由】
・（教えてほしい）教えてもらえば、今後間違えずにすむから。
・（教えてほしい）教えてもらわないと、他の人にも同じことをしてしまい、嫌われるかもしれないから。
・（教えてほしくない）自分の間違いを注意されたら、嫌な気持ちになるから。
T　ひろ子になったつもりで、正子に手紙を書きましょう。
例：「正子、きれいな絵はがきを送ってくれてどうもありがとう。とてもうれしかったよ。蓼科高原の景色は、とても美しいね。私もぜひ行ってみたいと思ったよ。きっと正子と高原を歩いたら楽しいよね。来年の夏、蓼科高原に泊まりに行くよ。楽しみにしていてね。そういえば、大きい絵はがきは50円切手では届かないと郵便屋さんが言っていたよ。私も知らなかったよ。私もこれから大きな絵はがきを送るときは、120円切手を貼って送るね。今度正子に会えるのを楽しみにしているね。ひろ子より」

（山田　誠）

いつ、どこで、誰に対してもそうできるか

種　　類：考えを一層深める発問（補助発問等）
使用場面：展開等

 ## 発問のポイント

❶普遍性を考える

「いつ、どこで、誰に対してもそうできるか」を問います。目前の身近な人間関係や因果関係だけで考えるのではなく、広く社会関係を全体的に見つめ、様々な可能性を想定し、普遍妥当な解決策を考えるようにします。

❷類似の発問

問題解決的な学習指導過程で重要なのは、子どもが多種多様な解決策を出した後に、それらを一つに絞り込んでいくプロセスです。「どの解決策もすべてよい」としてオープンエンドにすると、無責任な言動も許容することになり、道徳的混乱が生じます。そこで、多様な解決策を比較検討して、最善の解決策を選ぶことが大切です。

「いつ、どこで、誰に対してもそうできるか」という発問は、問題解決を促す発問で、これ以外にも次のような発問が考えられます。

○解決策の結果を考察する

まず、「どうしてそう思うか」と理由を問うだけでなく、「そうしたらどうなるか」と結果も問います。解決策を考えた理由や動機だけ問えば、差し障りのない建前や理想論に流れがちです。しかし、「その結果どうなるか」まで踏み込んで考えると、本音や現実論も出てきます。実際の生活に役立てるためには、結果を踏まえて実践可能な形に練り上げた解決策が重要になります。

○互恵性を考える

関係者全員に配慮し、互いに納得できる解決策を考えます。例えば、「みんなが幸せになるためにはどうすればいいだろう」と問います。単に力関係や利害関係ではなく、互いに尊重し合う精神で最善の解決策を出すようにします。自分だけ、または自分の仲間だけ幸せになればよいわけでなく、その問題に関連する人々すべてに配慮できるようにします。

こうした教師からの多様で効果的な発問をすることで、子どもたちは道徳的諸原理や判断基準をもとに多面的・多角的に考え、公正・公平に議論することができるようになります。

発問を生かした授業例
教材名「たっくんもいっしょに」（出典：教育出版）

「相手が誰でもそうしますか」。この発問は、公正、公平、社会正義につながる深い意味をもつ発問です。私は、大学生のとき、日本教育史の授業で松野先生が次のような話をされたことをはっきりと覚えています。「思いやり等の道徳的価値は、困難な状況において実践されてこそ価値がある。誰でも、自分と仲の良い人や自分に親切にしてくれる人には優しくできる。しかし、自分が嫌いな人や自分に意地悪をした人に対しても優しくできてこそ、その人の優しさは価値があると言える」。私はこの話を聞いて、なるほどと思いましたが、実際に自分が実践できるかというと難しいと思いました。自分に意地悪をした人が困っていたら「ざまあみろ」と思うのが普通です。しかし、そのような感情があったとしても、目の前で困っている人がいたら手をさしのべることのできる人間になりたいと思います。

● 授業の実際

T　どうして、かっくんは、たっくんを追いかけたのかな。
C　みかさんに言われて、大事なことに気づいたから。
C　たっくんがかわいそうだと思ったから。
C　仲間外れはいけないと思ったから。
T　どうして仲間外れはいけないの。
C　仲間外れにされると悲しくなるから。
C　仲間外れはいじめにつながるから。
T　たっくんは折り紙が下手だから、仕方ないのではないですか。
C　それは違うと思います。下手でも一緒にやるのが仲間だと思います。
C　たっくんが下手なら、教えてあげればいいと思います。
T　相手が誰でもそうしますか。
C　相手が誰であろうとも、仲間外れはよくない。
C　どんな人でも仲間外れにしてはいけない。
C　自分がされて嫌なことは、人にしてはいけない。
C　どんな子でも、困っていたら助けてあげたい。
C　誰かを仲間外れにするとクラスの雰囲気が暗くなるから、誰にでも優しくした方がいい。

「誰にでも優しくする」は、大人・子どもを問わず誰もがよく口にする言葉ですが、大人でもこれを実践できている人はほとんどいないのではないでしょうか。それだけ難しいことではありますが、せめて「一人でも多くの人に優しくしよう」と心がけて生きるようにしたいと思っています。

（山田　誠）

演じてみてどう感じたか
（役割演技）

種　　類：考えを一層深める発問（補助発問等）
使用場面：展開等

 発問のポイント

❶教材「金のおの」について確認する

　低学年の道徳科の教材に「金のおの」（A－(2)正直、誠実）があります。
　ある日、正直な木こりが沼の近くで木を切っていると斧が手から滑って沼に落ちてしまい、そこに、沼から女神さまが現れるというお話です。女神さまは、金と銀の斧を持って現れますが、正直な木こりは自分の物ではないことを伝えます。すると、女神さまから金と銀の両方の斧が与えられます。その話を耳にした欲張りな木こりが、わざと沼に自分の斧を落とすと、女神さまが金の斧を持って現れました。しかし、欲張りな木こりはそれを自分の斧だと嘘をついたため、女神さまは沼に沈み、自分の斧さえもなくなってしまうという内容です。
　嘘をつくことは、自分が大切にしているものまでも失ってしまうことや、正直に生活したり、相手に対して誠実に行動したりすることは、自分も相手もすがすがしい気持ちでいられることに気づかせることを通して、嘘をついたりごまかしをしたりしないで、素直にのびのびと生活しようとする心情を育てることをねらいとしています。
　このような教材では、すでに悪いことは知っているが、なかなか実践の身構えが育たないことが先生方の悩みの一つではないでしょうか。そこで有効なのが、学習指導要領解説の「道徳的行為に関する体験的な学習等を取り入れる工夫」の中で取り上げられている指導方法である、役割演技です。

❷役割演技でも話し合いを重視する

　道徳授業で活用される役割演技の効果を発揮するためには、ただ演じる、または演じているのを見ているだけでなく、演じている場面（道徳的な価値に関わる具体的な場面）で起こった問題について、十分に話し合う必要があります。
　「演じてみてどう感じたか」という発問は、話し合いの終盤に使います。自由に演じさせた後、演じるのを観ていた子ども（観客）の考えを聞き、演者の顔の表情やしぐさなどに注目させながら、考えていること（演じているときに考えていただろうこと）を想像させ、発表させます。

発問を生かした授業例
教材名「金のおの」（出典：文部科学省）

●主な展開例

まず、授業では、導入でねらいを確認した後、教材を範読しました。

次に、正直な木こりの話を聞いた欲張りな木こりが、自分勝手な思いから自分の斧をわざと沼に投げ入れて、得をしようとしている状況を確認するため、発問①「正直な木こりの話を聞いたとき、欲張りな木こりはどんなことを考えていたでしょう」と問いました。

さらに、発問②「女神さまが黙って沼に沈んでいくのを見て、欲張りな木こりは、どんなことを考えていたでしょう」と問い、欲張りな木こりのとった行動は、女神さまの信頼を失ったばかりでなく、自分の大切にしているものまでも失ってしまうことに気づかせました。

そして、欲張りな木こりが女神さまがいる沼に行った場面に戻して、「欲張りな木こりと、女神さまを演じてみましょう」と投げかけ、演じる子ども（演者）を2名指名し、木こりと女神さまを演じさせました。

○ねらいに合わせて話し合いを整理する

演技後の話し合いでは、次のような点に注目して整理していきます。

- 嘘をつくことは、自分が大切にしているものまでも失ってしまう
- 正直に生活したり、相手に対して誠実に行動したりすることは、自分も相手もすがすがしい気持ちでいられる

○演者には最後に聞く

「演じてみてどう感じたか」を聞いていく前に、まず観客の子どもに「演じていた人を見て、どう感じましたか」と観客の子どもに聞いていきます。そして、具体的に演じたときに言っていた言葉やその様子（表情やしぐさ等）を聞き、そのときどんなことを考えていたのか想像させ、発表させます。

観客の子どもに聞いた後、演者の子どもに**「演じてみてどう感じたか」**という問いかけをして、発表されたことを学級全体で共有していきます。

観客の子どもに先に聞くことで、演じられたことを多面的に吟味することができ、上記2点に注目して話し合いを整理していくことで、ねらいに向けて自分の考えを整理し、演者の「演じてみてどう感じたか」の意見をもとに、さらに自分の考えを深めることができる授業を展開することができます。

（北川沙織）

演じた人を見てどう感じたか
（役割演技）

種　　類：考えを一層深める発問（補助発問等）
使用場面：展開等

 発問のポイント

❶教材「うばわれた自由」について確認する

　高学年の道徳科の教材に「うばわれた自由」（A－(1) 善悪の判断、自律、自由と責任）があります。

　国の決まりを破って勝手気ままに森で狩りをするジェラール王子を、とがめ捕らえようとする森の番人ガリューが主人公の教材です。しかしガリューは、ジェラール王子に捕らえられ、牢に入れられてしまいます。後に王が亡くなり、ジェラールが国王になりますが、わがままがひどくなり、それが原因で国は乱れてしまいます。ついに、裏切りにあい、囚われの身になったジェラールは、暗い洞窟につくられた牢屋でガリューに再会するという内容です。

　本当の自由とは、自分が正しいと判断することにしたがって、主体的に行動することが大切であることに気づかせることを通して、自由を大切にし、自律的に判断し、責任のある行動をしようとする心情を育てる授業を展開することができます。

❷役割演技で話し合いを重視する

　役割演技では、演じることにのみ効果があると誤解されがちですが、演じるのを見ている子どもの役割が欠かせません。目的もなく見ていて感想を発表するのではなく、演じている場面（道徳的な価値に関わる具体的な場面）で起こった問題を話し合いで表出させ、それについて、十分に話し合うことが大切です。

　「演じた人を見てどう感じたか」という発問は、話し合いの序盤に使います。自由に演じさせた後、演者の顔の表情やしぐさなどに注目させながら、演者が演じているときに考えていただろうことを想像させ、発表させます。気持ちや考えを様々な視点から想像させるようにすることが多面的に考えられるポイントになるので、時間を十分にとって、多くの子どもに発表してもらいながら、問題点を整理していきます。

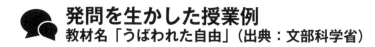
発問を生かした授業例
教材名「うばわれた自由」（出典：文部科学省）

●主な展開例

　授業では、導入でねらいを確認した後、教材を範読しました。

　まず、発問①「ガリューは、殺されるかもしれないと思ったのにも関わらず、必死になってジェラール王子に訴えかけたのはなぜでしょう」と問い、森の番人としての役割と責任について整理しました。

　次に、発問②「牢屋に入れられてしまったガリューは、どんなことを考えたでしょう」と問いました。ここでは、孤独な牢屋の中で事件について回想しながらも、後悔の念はないことに気づかせるために行いました。

　さらに、発問③「ガリューは、牢屋でジェラール王の言葉を聞いて、どんなことを思ったでしょう」と問い、ガリューの行動の結果、ようやくジェラール王が自分のした行為に、後悔の念を抱いていることを確認しました。

　その後、ジェラールもようやく牢屋から出られ、偶然にもガリューに出会えた場面を設定し、「ジェラールとガリューを演じて、考えてみましょう」と投げかけ、演じる子ども（演者）を2名指名し、役割演技を行わせました。

○ねらいに合わせて話し合いを整理する

　演技後の話し合いでは、次のような点に注目して整理していきます。

・自由に行動するには、それが「正しいか、正しくはないか」をしっかりと判断することが大切である
・自分が正しいと判断したことにしたがって、主体的に行動することが大切である

○具体的に聞く

　「演じていた人を見て、どう感じましたか」 と観客の子どもに聞いていきます。その際は、具体的にジェラールが語った言葉やその様子（表情やしぐさ等）を聞き、そのときどんなことを考えていたのか想像させ、発表させます。

　次に、ガリューが語った言葉やその様子（表情やしぐさ等）を聞き、そのときどんなことを考えていたのか想像させ、発表させます。

（北川沙織）

同じような経験をしたとき
どう思ったか

種　　類：自分を見つめる発問
使用場面：展開後段等

 発問のポイント

❶経験は授業の伏線となる

　子どもが自分の経験を思い出すのは、導入で本授業への意識をしたときから始まっていると考えられます。さらにはそれ以前にも、事前のアンケート調査によって、そのことは具体的に記憶の表層に上がってきています。それらが、授業の伏線となっていることを指導者は理解しておくことが大切です。子どもの発言の裏には今までの出来事や、日常の生活で蓄積されていったこと、成育歴などがあることにも気を配れるように子ども理解を深めておきたいです。

❷自己と重ね合わせて「自分事」として考える

　「教材の登場人物と同じような経験をしたことがありましたか。また、そのときあなたはどう思いましたか」という発問は、子どもが自己の経験と重ね合わせて登場人物に共感することで教材の中の出来事や気持ちを「自分事」として感じることを期待しています。

❸思い出しやすい工夫、何でも言い合える受容的な雰囲気

　今、何について考えるのか、子どもが集中して気持ちが動くように教材提示の工夫をする必要があります。臨場感のある、子どもがワクワクする仕掛けを考えたいです。
　うまくいったことよりもできなくて残念だったことの方が記憶に残っているものです。後悔や自責の念に埋もれてしまうのではなく、今だから言える雰囲気の中で思わずつぶやく自分の言葉に自分で気づくことで、わだかまりが解放されていく快感を覚えることもあるでしょう。うれしかったことやよくできたことも認められて自信になっていきます。

❹経験を思い出して、よりよく生かしていく

　いつかまた同じような場面に遭遇したときに本授業での学びがよりよく生きて働くようになって欲しいということと、子どもが互いの経験と思いを聞き合うことで「あの子にはそういうことがあったのか」と、相互理解を深めることも期待できます。

発問を生かした授業例
教材名「まどガラスと魚」（出典：文部科学省）

○教材提示後に

　「まどガラスと魚」を読んだ後、感想を聞くと、うなずきながら話を聞いていた子どもが「この男の子がうらやましい。ぼくは謝ったことがないから」と悲しそうに発言しました。この子どもは、この頃、友達とのトラブルが多いことを気にしだしていました。3年生になって、クラス替えを機に、今までの自分のうまくいかないことを変えたいと願うようになっていたのです。**正直に謝れなかったときの気持ちを他の子どもにも聞いてみました。**モヤモヤと暗い気持ちが続いていたこと、自分に嘘をついて隠そうとしておどおどしていたことがある、などの発言がありました。「そういうこと、あったよ。いやだなあと思うけどどうしたらいいのかわからない」と、具体的な出来事の記憶は薄れていても、心の奥の悩みは語り合うことで思い出されてきました。自分の至らなさを吐露表明し合うことで、互いの思いを知ることができ、共通の課題意識につながりました。

○話し合いの中で

　子どもの発言のもとにはさまざまな経験があります。それを、言葉に表すことにより自覚していきます。思い出しながら、よかったこと、直したいこと、もっとよくしたいことなどが浮かんできます。

　教材の後半で、主人公が母親に自分のしたことを打ち明けて、一緒に謝りに行ってスッキリした気持ちになった場面では、子どもは、主人公の気持ちに共感して、安堵し、自分もそのような気持ちになりたいと憧れを抱きます。そして、知らず知らずのうちに、これからの自分の言動の参考にしていくのです。

○展開後段で

　ここでは、同じような経験をしたことを思い出し、自分を客観視する時間をもたせます。「今までのぼく」から「これからのぼく」へ。授業で学んだことを生かして、経験からその先へ自分を成長させたいと思います。ワークシートを交換して読み合うこともあります。

　学級の友達と思いを共有したこの時間だからこそ、今だからこそ打ち明けることができるのです。受容的な雰囲気の中でなら、誤解されたりせずに自分の本音を出すことができます。

　授業の始めに「謝ったことがない」と言っていた子どもは、「本当は、あのときすぐに謝りたかったんだ。でも、なんて言えばいいのか困ってしまって何もできなかったんだ」と友達に話していました。「ずっと気にしていたんだね」「これからは、困ったら言ってね。一緒に謝ってあげるから」「大丈夫だよ。顔を見れば気持ちはわかるよ」

　友達と理解し合いながら助け合いながら成長していく姿に、経験を生かしていく逞しさが感じられます。

（庭野優子）

あなたは登場人物（○○）と似ているか、違うか

種　　類：自分を見つめる発問
使用場面：展開後段等

 発問のポイント

❶心が動いて自分自身を見つめる

　この発問によって子どもは、実際に自分に同じような経験がなくても、登場人物の判断の根拠に感覚的に賛同したり、違和感を抱いたりすると思われます。そして、「この感覚はなんだろう」と、登場人物の言動や思いを受け止めようとします。

　どこがどのように似ているのか、また、どういうところが自分とは違うのか。相容れないところも、逆に理想の姿として憧れるところもあるかもしれません。子どもは登場人物を知ることで、自分自身の気持ちを見つめることになります。

❷登場人物と比べて自覚する

　「私も登場人物の○○さんと同じように、困っている人がいたら、どうしようかと思うけれど、やっぱり気になって声をかけると思います」

　「ぼくにはお話の○○さんのように友達を誘うことはできないから、違うな」

　子どもは登場人物の言動に共感し、思いや気持ちを言葉にして表すことで自分の特性や考え方の傾向などを自覚します。たとえマイナスの気持ちであったとしても、そのことを自覚することで自分自身の潜在意識に気づきます。

❸よりよい自分を形成していく

　「登場人物と似ているか、違うか」と問われて、子どもは自分自身を見つめ、自分の特性に関心をもち始めます。そして、よいと思うことは続けたいと願います。また、登場人物のよいことは真似たいと思い、日々を快く生活していくことのできる自分を形成していこうとするでしょう。

　子どもは、自分のよさを認めるとともに、自分に足りないところはどうしたらよいのだろうと、登場人物をお手本にして「できる自分」を増やしていきたいと願います。指導者は子どものどのような発言であっても、肯定的に受け止めるようにしたいです。

発問を生かした授業例
教材名「およげないりすさん」（出典：文部科学省）

中心発問で、ワークシートを用意します。**登場人物の絵のそれぞれに吹き出しをつけ、子どもに、自分の気持ちに似ているところに言葉を記入させる**ようにします。

実際の授業で、「かめ」の吹き出しに「ぼくにしっかりつかまってね。一緒に遊ぼうね」と書いた子どもは、友達のために自分が役立つことができた経験がありました。自分と似ている「かめ」に自分を重ねることで自分の経験を思い出し、「自分もよいことをすることができた」と自己有用感を明確にすることができました。

「はくちょう」の吹き出しに「この前はごめんね。今日は一緒に遊べるね」と書いた子どもは、休み時間に友達を仲間はずれにしてしまったことを悔やんでいました。登場人物に自分を重ねることで、自分の言動を反省し、次は仲良くしたいと考えていました。

授業の中で追体験をすることで記憶が鮮明になり、よいことは続けたい、いやなことは直したいと子どもが素直に願う時間になりました。

● その他の授業例
○ 教材名「かぼちゃのつる」（出典：文部科学省）

主人公のかぼちゃに似ているところがあるという子どもと、かぼちゃに注意をする犬や蝶たちに似ている子どもとで意見交換をします。子どもは交流しながら、多様な気持ちに気づきます。わがままなかぼちゃではあるが、それなりの言い分があること。また、注意をしたつもりの犬や蝶にもかぼちゃへの理解が足りなかったことなど、それぞれの気持ちを互いにわかり合うことができました。話し合う際に、自分の立場をはっきりさせることで、本音で話し合うことができました。

「ぼくはわがままな人には絶対にならないので、かぼちゃには似ていません」と建前を表すのではなく、自分にも多少はわがままな気持ちはあり、でもよく考えて自分にも周りにもよりよい方法を考えることが大切なのだということを体験から学んでいきました。

○ 教材名「ロレンゾの友達」（出典：文部科学省）

アンドレ、サバイユ、ニコライのそれぞれの考えの違いをはっきり理解させて、子どもに自分は誰の考えに近いかを問います。三者三様ではあっても、どれも親友ロレンゾのことを思っての考えであることに子どもも自分なりの納得解を得ることができました。

子どもは、自分と同じか違うか、その根拠はなにかと、考えや行動を比較し、選別し、自分が誰の考えに近いかを考えます。「こう言ってはいるが、実は……」と、ときには登場人物の心の奥の気持ちまで探ろうとすることがあります。指導者は発問をする際に、子どもの内面を意識できるように心がけたいです。

（庭野優子）

登場人物にどんなことを
伝えたいか

種　類：自分を見つめる発問
使用場面：展開後段等

 発問のポイント

❶子どもの経験をいかすようにする

「かぼちゃのつる」という教材があります。この教材は、自分の欲に任せて行動してしまい、最後には自分自身が痛い目にあってしまうという内容になっています。教材を読み終えると「仕方ないよ、自分が悪いんだよ」や「あそこでやめておけばよかったのに……」などの自然なつぶやきが聞こえてくるような教材です。子ども自らが生活体験の中で失敗したときに、自分で感じたり周りの大人から言われたりした経験から出てきた声だと思います。だからこそ、つい登場人物に語りたくなるのでしょう。そんな教材にこそ「登場人物にどんなことを伝えたいか」という発問です。なぜなら、自分の経験を客観的に見つめ直したり、周りの大人から言われた言葉の意味を深く考えさせたりすることができるからです。

この発問はタイミングも大切です。教材を読み終えてすぐにこの発問をすると、「わがままするとだめだよ」「自分が悪いんだよ」などと直感的な発言しか出てきません。それでは、あまりにも表面的な学びになってしまいます。そのため、授業の中で自由につるを伸ばすことの何がいけなかったのか、周りの人はどう思うのかなどを吟味しながら知的に価値理解を図る必要があります。そして、理解が深まった上でこの発問をすることがポイントです。

❷思考を整理する

「登場人物にどんなことを伝えたいか」という発問は、議論したり吟味したりしたことを整理するという役割もあります。

授業中は価値理解を深めるために、子どもは視点を変えたり自分の経験を想起したりしながら様々な思考をフル活用しているのです。つまり、多面的・多角的な思考が働いているのです。それは悪いことではありませんが、ある意味では思考が拡散した状態だと思います。そのままだと「いろんなことを考えた。でも、何を学んだのだろう」と深まりが弱まってしまいます。そんなときに、「登場人物にどんなことを伝えたいか」と問うことで、これまでの学びを振り返らせ思考を整理させることで、本時の学びが明確になり価値の自覚につながっていくのだと思います。

発問を生かした授業例
教材名「かぼちゃのつる」（出典：日本文教出版）

　これは節度、節制をキーワードとした内容項目とする低学年の教材です。大人は、自分の欲に任せてわがままばかりしていると、周りに迷惑をかけたり不快な気持ちにさせたりすることを多くの経験から理解しています。しかし、経験が乏しい上に客観的に自分を見つめ直すことが難しい低学年の子どもには、「なぜわがままがダメなのか」「自由に過ごすことがなぜいけないのか」があまり理解できていない場合があります。

　そのため、人の言うことを聞かずに、わがままばかりしていると周りがどんなことを思うのかということを、経験と重ねながら考えていく必要があります。

　本時のポイントをまとめた授業展開は次のようになります。

T　かぼちゃは、なぜ思いっきりつるをのばしたのかな。
C　別の畑も見たくなった。
C　伸ばしていくうちに、段々やめられなくなっていった。
T　周りが止めたのに、それを聞かないかぼちゃのことをみんなはどう思ったのだろう。
C　わがままだな。嫌なやつだ。
C　どうなっても知らないぞ。
T　みんなもクラスにこんな人がいたら、同じような気持ちになると思う？
C　うん。絶対にそう思う。
T　でも、かぼちゃが「いろんなところを自由に見てみたい」という気持ちはわかるよね。
C　それはわかるけど、でも、みんなに迷惑をかけたらダメだよ。
T　でも、みんなのことばかり考えていると伸び伸び過ごせなくなっちゃうよ。それでもいいの。
C　そうか。それはいやだ。
C　伸び伸びとわがままは違うんじゃない？
C　そうだよ、わがままは自分もみんなも危ないし怪我をしちゃうよ。

　子どもの中で、「伸び伸び過ごす」と「わがまま」の違いを知的に理解し、わがままは自分だけでなく周りの人も困ってしまうという理解が深まり始めてきました。

T　そうか。それじゃ、**みんなだったらかぼちゃにどんなことを伝えたいですか。**
C　伸び伸びとわがままは違うよ。かぼちゃさんのはわがままだよ、って。
T　なるほど。どうしてそれを伝えたいの。
C　だって、私のように、かぼちゃさんも「伸び伸び」と「わがまま」の違いを知らないと思うから。

　この発問を行うことで、これまでの学びが整理され、さらには「私のように～」と自分の経験を重ねて考え、自己の生き方につなげようとしているのです。

（上地　豪）

あなたの生活に生かせそうなことは何か

種　　類：自分を見つめる発問
使用場面：展開後段等

発問のポイント

❶教材と子どもをつなぐ

　教材の中には偉人の生き方や歴史的背景を取り扱うノンフィクションの内容がいくつかあります。そのような教材を活用するのは、子どもがこれまで経験したり考えたりしたことのないような価値を、先人の生き方を通して深く考えさせるためだと思います。

　しかし、ややもすると「〇〇だから、できたんだよ」や「自分には無理だ」などと自分事と考えようとしない子どもが出てきてしまう可能性があります。そこで「あなたの生活に生かせそうなことは何か」という発問です。例えば、偉人の生き方を通して価値理解を深めた上でこの発問をします。すると子どもは「すべてを真似することは難しい。でも、〇〇だったら自分にもできそうだ」という気持ちになり「自分の生き方に生かせそうなことはなんだろう」と考え始めるのです。そこから教材と自己の生き方がつながり始めるのだと思います。

❷学びに必然性をもたせる

　「あなたの生活に生かせそうなことは何か」という発問は、子どもの学びに必然性を与え、学びに向かう力を高めていくという役割もあります。

　授業の中で、仲間と議論したり吟味したりしていくことで、多様な考え方や感じ方に接し、納得・合意・批判・比較・共有などを繰り返しながら、価値理解が深まったり広がったりしていきます。そのタイミングでこの発問をすることがポイントです。そうすることで、子どもが授業のプロセスを客観的に振り返り、何を学んだのかを自覚しながら、自己との関わりの中で物事の見方や考え方を深めていくのです。そして「今日は、学んだことは〇〇だな」や「〇〇は自分の生き方にも使えそうだ」などと学びに必然性が生まれてくるのです。

　このような一連のプロセスが子どもの中に根づいていくと「道徳の授業は大切だ」「自分の生き方をよりよくしてくれる」「道徳の授業がおもしろい」と学びに向かう力も高まってくるのだと思います。

発問を生かした授業例
教材名「いのりの手」(出典：日本文教出版)

　これは友情、信頼をキーワードとした内容項目の中学年の教材です。この教材では登場人物ハンスとデューラーの深い友情と信頼が描かれています。2人の生き方を通して、子どものこれまでの友情に対する見方や考え方をさらに広げ深めていけるような授業展開がポイントとなるでしょう。そして「あなたの生活に生かせそうなことは何か」という発問をすることで、深まった価値理解をもとに自己の生き方につなげて考えていくことができるのだと思います。
　本時のポイントをまとめた授業展開は次のようになります。
T　2人はいい友達ですか？
C　いい友達だと思う。ハンスは友達のために、必死に働いている。
C　そして、デューラーにお金も送ってあげている。それにデューラーも応えている。
T　でも、デューラーはハンスになにも与えていないよ。
C　そうだけど……。
C　お金やモノは与えていないけど気持ちは与えている。
C　そう、感謝の気持ちを与えている。だから、あんな絵が描けたんだよ。
T　なるほど。でも、ハンスが失ったものは大き過ぎるよね。
C　そうだね。お金や夢……あ、時間もだよ。
T　そこまで大きなモノを失ってまで、ハンスが大切にしていたものとはなんだろう。
C　デューラーとの絆だよ。
C　デューラーはハンスを信頼して夢を追いかけている。
C　ハンスはその信頼に応えたいという……2人の絆。大切にしたかったのは、互いの絆だよ。
T　なるほど。ハンスはお金や夢は失ってしまったけど、デューラーからの信頼や絆は深まっていったんだ。ハンスが大切にしたかったことは絆だったんだね。
　2人の深い絆を通して新しい友情の見方が広がっていることがわかります。しかし、この段階では自分事とは受け止めているかはっきりしていません。そこで次の発問をしました。
T　この2人から何を学びましたか。**それを自分の生活に生かせるとしたらどんなことですか。**
　すると、子どもは黒板を見つめながらじっくり考え始めたので、道徳ノートに書かせることにしました。
【子どもの道徳ノートの振り返り】
　私は、友達とは何でも相談できるのが友達だと思っていました。しかし、この2人から信頼や協力、感謝などを学びました。それは友達がいるから生まれるもので、友達がいるからこそ相手に何かしてあげることもできるのだと思いました。これからは友達がいることに感謝して一人ひとりを大切にしていきたいです。

（上地　豪）

～するのに大切な心はなんだと思うか

種　　類：自分を見つめる発問
使用場面：展開後段等

 発問のポイント

❶人間の弱さに向き合う

　この発問は授業の葛藤場面や人間理解を深めた後で行うことが有効です。教材は文字数が限られているため、主人公の葛藤や悩みなどが簡潔に描かれています。しかし、実際に勇気を出して決断したり、弱い自分と向き合い努力したりするときには、強い葛藤や悩みなどと向き合わなければなりません。だからこそ、授業において「○○することは大切だ」と価値理解を深めた上で「でも、簡単にはできない」「自分にはできないかもしれない」「それが人間だ」などと、大切だとわかっていながらもできない自分（または主人公）の葛藤を考えさせることがポイントです。その後に「～するのに大切な心はなんだと思いますか？」と問うことで、人間の弱さに向き合いながらも、それを乗り越えるための心を考え始めるのです。

❷表面的な言葉で満足しない

　道徳の授業で教師が気をつけなければならないのが子どもの表面的な言葉です。例えば、「主人公が努力できたのはどんな気持ちからでしょう」という問いに、子どもからは「ここで負けてはいけない」「がんばろうと思った」などの声が聞こえてくるでしょう。そこで、子どもの理解が深まったと満足してはいけません。なぜなら、その段階ではきちんと価値を理解していない可能性があるからです。場合によっては「主人公はそう思ったかもしれないが、自分ならそうは思えない」と考える子どももいるでしょう。むしろ道徳の授業では、その表面的な言葉の奥に隠れている真意を引き出し、明示性を上げ見えない部分を見えるようにしたり、言葉に出させたりしたいものです。そうすることで子どもにとって価値理解がより深まっていくと思います。

　このように明示性を上げるときにも「～するのに大切な心はなんだと思うか」という発問は効果を発揮します。「努力をするのに大切な心はなんだと思うか」と問うことで、「○○の心だと思う。なぜなら～」と子どもは経験と重ね合わせて考え、自分の言葉で語るようになります。そこに努力した行為の大切な心の部分が出てくるのです。

発問を生かした授業例
教材名「杉原千畝—大勢の人の命を守った外交官—」（出典：日本文教出版）

　これは公正、公平、社会正義をキーワードとした高学年の教材です。この教材では第二次世界大戦中、リトアニア領事館に赴任した杉原千畝の実話をもとにした内容です。迷いながらも日本政府の許可をえない状態でナチス・ドイツの迫害により欧米各地から逃れてきた難民たちに、ビザを発行し六千人の命を救った千畝の生き方が描かれています。本時では杉原千畝の強い葛藤場面を考えさせた上で、悩みながらもビザを発行すると決断した心について考えさせることにしました。

T　杉原千畝がとった行動は正しかったと言えますか？
C　正しいと思う。そのおかげで六千人の命を救ったんだから。
C　でも、そのせいで多くの日本人の命が奪われるかもしれないんだよ。
C　そうだよ。その頃はドイツとは同盟を結んでいたんだから。
C　だとしたら、正しい行動とは言えない。
C　でも、ビザを出さないと多くの命が見殺しになるよ。
T　そうだね。簡単な問題ではないね。でも大きなリスクがあることは千畝だってわかっていたはずだよね。仕事をクビになるかもしれないし。
C　わかっていたと思う。
C　だから、悩んだんだよ。私にはできないな〜。
T　そうだね。それでもビザを発行した千畝にはどんな考えがあったのだろう？
C　目の前にある命を救いたかったんじゃないかな。
C　人として間違ったことをしたくない。
C　そう。後悔したくないという思い。
T　なるほど、でも本当に千畝は自分の行動に後悔はしていないのかな？
C　わからないけど、そのときに上官の命令に従って見殺しにした方が後悔したと思う。
C　自分で勇気を出して決断したことだから後悔はないと思う。
T　**千畝のように勇気を出して決断するのに大切な心ってどんな心だろう？**
C　人としての心。日本人としてではなく、1人の人間としてどうするかを考えることが大切。
C　自分で決める心。上の人から言われたからやるんじゃなくて、自分が何が正しいのか考えて決断する力が必要。

　勇気を出して決断した行為の裏に隠されている心を問うことで、人として迷いながらも決断した心の部分を子どもが自らの言葉で語ってくれています。それをきっかけにしてさらに価値理解が深まっていく様子がわかります。

（上地　豪）

一番心に残ったことは何か

種　類：価値を把握する発問
使用場面：終末等

 発問のポイント

❶心に残るとは

　子どもの心に残る道徳の授業をしたいと常々思っています。では、心に残るとはどのようなことなのでしょうか。考える道徳、議論する道徳においては活発な話し合いがなされ、その中から生まれる気づきも心に残るものになると言えます。また、教材を通して子どもの心情に訴え、感動に近い感情として子どもの心に残るものもあります。ここでは、後者の心に残る授業について見ていきたいと思います。

　「学習指導要領解説　特別の教科　道徳編」によれば、道徳的心情とは、「道徳的価値の大切さを感じ取り、善を行うことを喜び、悪を憎む感情のことである。人間としてのよりよい生き方や善を志向する感情であるとも言える。それは、道徳的行為への動機として強く作用するものである」と書かれています。つまり、道徳的行為に向けて蓄えておく心のエネルギーです。ここでは心に残るとは、頭で考えて気づく、納得するというより、心にじわりじわりと染み込むこと、子どもの腑に落ちることと考えます。涵養する（水が自然に染み込むように、無理をしないでゆっくりと養い育てる）ことといってもよいと思います。

❷演出を工夫する

　教材が感動的であれば、子どもの心にも残りやすくなりますが、子どもの心により響くような演出も大切になってきます。例えば、次のような演出はいかがでしょうか。

・事前の体験活動と道徳科の授業を結びつけて考えさせ、実感させる。
・主人公と同じあるいは似た体験をさせる。
・普段当たり前にやっていることに目を向け、それが実はすごいであることに気づかせる。
・最後の最後に感動場面を残しておく。
・子どもの思考を越えた価値観に気づかせる。
・感動場面でＢＧＭを流し、心情を高ぶらせる。
・実際の映像や画像、音声などを使って子どもの視聴覚に訴える。　など

発問を生かした授業例
教材名「負けない心　星野富弘」（出典：文溪堂）
（参考『かぎりなくやさしい花々』星野富弘、偕成社
**　　　『子どもが本気になる道徳授業12選』深澤久編著、明治図書）**

　教材前半を範読後、口で字を書くことがどれくらい大変かを実際に体験させます。
　体験をもとに口で字を書くことは「可能」か「不可能」かで話し合いをさせ、星野さんの葛藤に寄り添わせます。
　教材後半を範読後、カタカナの「ア」が書けた星野さんの気持ちを考えさせます。
　星野さんが当初書いたカタカナをはじめに紹介し、その後の様々な作品も紹介、比較することで、努力の結果のすばらしさに気づかせます。（驚かせます。）
　実際の授業では星野さんが絵を描いている動画を見せました。動画が準備できない場合は、絵を描いている画像だけでも紹介できるとよいと思います。

教材名「命を見つめて」（出典：学研教育みらい）
（参考『瞳スーパーデラックス』ＦＢＳ福岡放送製作ＤＶＤ　特典映像）

　命があるからこそできることを全員に発言させ、命ってこんなにすごいのに、それが当たり前になって普段は目を向けていない自分がいることに気づかせます。
　猿渡瞳さんの「命を見つめて」を紹介し、「今、生きている」という言葉をキーワードとして取り上げます。「今」、「生きている」というキーワードが入った星野富弘さんの「イチヤクソウ　生きているから」や相田みつをさんの「自分の番　いのちのバトン」などを紹介し、「今、生きている」ことが本当の幸せであるという猿渡瞳さんのメッセージにつなぎます。なお、「命を見つめて」は可能ならば、猿渡瞳さん本人の映像を視聴できるとよいと思います。また、教師が読み聞かせるのであれば、ＢＧＭを活用するとよいと思います。
　最後に「命を見つめて」は猿渡瞳さんが命を懸けて残してくれたメッセージであることを伝えます。
　どちらの授業も感動的に教材を活用することで、子どもの心に残るものとなります。
　最後に**「一番心に残ったことは何か」**と問い、じっくりと時間をかけ考えさせ、道徳ノートに書かせます。そして、子どもの言葉で感動を表現させ、余韻をもって授業を終わります。

（樋口陽一郎）

一番大切だと思ったことは何か

種　　類：価値を把握する発問
使用場面：終末等

発問のポイント

❶価値解釈を焦点化する

　この発問を生かすためには、子どもが本時の授業において何を学ぶのかを理解しておく必要があります。つまり、子どもが意識をもって授業に臨み、授業を通して、その問題が解決されていくようにすることが大切なのです。そのためには、価値解釈を焦点化し、めあてを設定して、そのまとめとしてこの発問を投げかけることが効果的です。

　活用する教材をもとに各学年の内容項目をどう解釈し、どう焦点化しておくかがポイントとなります。この焦点化された価値解釈こそが本時の目指すところであり、一番大切なことになります。価値解釈が曖昧で広すぎると、終末にこの発問をしたとき、ねらいとは違う多様な考えが出される可能性があり、まとめがブレてしまう恐れがあります。

　価値解釈が焦点化されれば、主題名、ねらい、中心発問、まとめに反映され、一貫性をもった授業になります。それが「一番大切だと思ったことは何か」という発問に直結するのです。

❷価値解釈の仕方

　「学習指導要領解説　特別の教科　道徳編」（以下、解説）によれば、内容項目は道徳的価値を含む内容を短い文で平易に表現したもので、解説には内容項目ごとにその内容を端的に表す言葉も付記されています。しかし、その言葉そのものを教え込んだり、知的な理解のみにとどまる指導になったりすることがないよう十分留意する必要があると記されています。

　価値解釈はまず内容項目を手掛かりとして考えていきます。解説には小学校1・2年、3・4年、5・6年、中学校の内容項目がまとめて記されていますので、比較しやすくなっています。この内容項目をもとに、子どもの実態や辞書で調べた言葉の意味、心のノートや私たちの道徳に記された内容、さらには教科書の教材分析を行うことで、価値解釈を焦点化することが大切です。

　「一番大切だと思ったことは何か」という発問を生かすためには、価値解釈の焦点化がポイントになります。

発問を生かした授業例
教材名「心と心のあく手」（出典：日本文教出版）

　教材「心と心のあく手」の実践例を紹介します。ここでは相手の気持ちを考えて行動することが親切であるという価値解釈のもと授業を進めました。

　導入において「親切とはどんな行動か」を考えさせ、その考えの不十分さに気づかせます。中学年の子どもは、親切とは相手の気持ちより自分の思いを優先した行動と考えているからです。その上で「本当の親切とは何か」という問題意識をもたせます。

　展開では立場討議で多面的に考えさせ、補助発問で焦点化していきます。

・せっかく声をかけたのに断られたぼくの気持ちを考える。（親切Ⅰ）
・二度目におばあさんに会ったとき、自分ならどうするかを理由とともに考える。
　「声をかける・かけない」で討議をする。
・誰の気持ちを大切にすべきかという補助発問でおばあさんの気持ちに焦点化する。（親切Ⅱ）
・親切Ⅰと親切Ⅱを比べ、おばあさんの気持ちを考えて行動することが大切であることに気づかせる。

　その上で「一番大切だと思ったことは何か」という発問を通して「相手の気持ちを考えた行動が本当の親切である」とまとめます。

　なお、実際の授業では、この後はじめの場面（親切Ⅰの場面）ではどうすることが本当の親切なのかを役割演技を通して考えさせました。

【授業の板書例】

（樋口陽一郎）

友達の考えで印象に残ったのは何か

種　　類：価値を把握する発問
使用場面：終末等

 発問のポイント

❶話し合い活動を十分に行う

　この発問を生かすためには、十分な話し合い活動が行われていなければなりません。十分な話し合い活動を行うためには、まず自分の考えをしっかりともたせることが必要です。そのためには書く活動を行うことが有効です。道徳ノートなどに自分の考えを書くことで自分の考えが明確になり、交流がしやすくなります。ペア交流、グループ交流、全体交流などの話し合い活動を通して子どもが多様な考え方や感じ方に接することが大切です。それによって物事を多面的・多角的に考えられるようになり、価値理解や人間理解を深めることができます。また、他者理解にもつながり、そこから自己を見つめさせ、友達の考えが自分の考えを導いてくれたことに気づかせておくことが必要です。この場合「友達の考えで印象に残ったのは何か」という発問と併せて「なぜそう思うのか」という発問をセットにするとよいでしょう。それによって友達の考え方が自分の考えにどう影響したかに気づくことができ、より価値理解、他者理解を深めていくことができるからです。

❷話し合い活動の質を高める

　この発問を生かすためには、話し合い活動の質を高めておかなければなりません。そのための手立ての工夫をいくつか紹介します。
○話し合いのルールを決める
　立場討議では相手を論破するのではなく、納得させるように進めることを理解させます。
・相手を納得させるために　　　　　　　　　　　……必ず理由を言おう
・人間関係に左右されずに必ず相手を受け入れるために……平等に話し合おう
・学級として納得のいく考えを導くために　　　　……みんなで考えを出し合おう　など
○ワークショップ形式の話し合いを取り入れる
　自分の考えを付箋に記入して、グループ交流の際に付箋を台紙に貼りながら話し合いを進めます。貼られた付箋の説明をしたり、グループ分けをしたりしながら話し合いを進め、グループごとにまとめの報告をします。

発問を生かした授業例
教材名「なくしたかぎ」(出典:日本文教出版)

 教材「なくしたかぎ」はもともとモラルジレンマ資料として『モラルジレンマ資料と授業展開〈小学校編〉』(荒木紀幸編著、明治図書)に掲載されていたもので、私はこの教材を道徳オリエンテーションのときに活用し、道徳科における話し合い活動の意味を理解させています。

 子どもには、はじめ「一人で帰る」「いっしょに探す」のどちらかの立場で考えさせます。次になぜそう考えたのか理由を考えさせ、全員の考えを板書します(資料1)。立場の違う考え方や同じ立場でも理由が違うことなど、多様な考え方があることに気づかせるとともに、それぞれの考え方が何(どの価値)を大切にしてそう考えたかを理解させます。その上で、納得がいかない考え方はあっても、間違った考え方はないことに気づかせ、そこから話し合いがスタートすることを理解させるのです。そして、話し合い(友達との考えの交流)を通して自分の考えが新たに形成されることを感じ取らせます。必要に応じて、話し合いによって導かれた考え方の変容の事例(資料2)を示します。

 最後に自分の考えに影響を与えた友達の考え方を振り返り、**「友達の考えで印象に残ったのは何か」**「なぜそう思ったのか」と発問します。そうすることで道徳科の時間は友達との十分な話し合いのもとに自らの考え方(生き方)を見つめなおす時間であることに気づかせるのです。

いっしょにさがす					一人で帰る				理由付け
・一人にすると危ないから。(安全、生命)	・困っているかずおくんを放っておけないから。(思いやり)	・自分も一緒に遊んでいたから。(責任)	・かぎは大切なものだから。(ものを大切に)	・一緒にさがせば、すぐに見つかるかもしれないから。(協力)	・かずおくんは、友だちだから。(友情)	・自分のことは自分でするべきだから。(自立)	・家族が心配するから。(家族)	・あきらには責任はないから。(責任)	・約束は守らないといけないから。(約束)・時間通りに帰らないと怒られるから。(きまりを守る)

【資料1】

A児
[一人で帰る。]
 理由:好きな自転車に
    1ヶ月乗れなくなるから。

[いっしょにさがす。]
 理由:一人だけにしておくのは
    かわいそう。

B児
[いっしょにさがす。]
 理由:自転車に乗れないのが一生の中のたった1ヶ月くらいなら、自転車に乗れなくてもいいから。
 ⇓
[いっしょに帰る。]
 理由:お母さんを心配させたくない。かずおくんも 一人にしたくない。二人とも大好きだから。いっしょに帰れば、誰も心配せず、みんなが安心。

【資料2】

(樋口陽一郎)

新しい発見があったか。
あったとすればそれは何か

種　　類：価値を把握する発問
使用場面：終末等

発問のポイント

❶発見とは何か

　発見とは、まだ知らなかった物事を新しく見つけ出すことです。道徳科における発見とは、子どもが教材や話し合い活動を通して新たな価値に気づくことであり、様々な考え方があることに気づくことであり、そのことを通して自分自身を見つめなおすことです。これらは価値理解、他者理解、人間理解、自己理解につながります。

　また、子どもが普段当たり前と思っていて、その大切さに気づいていないことや、子どもが気づいていない自身のすごさ、すばらしさに気づかせることも子どもにとっては発見です。つまり子どもの心にパラダイムシフトを起こすのです。それによって、子どもの心により印象づけることができます。

　ここでは、後者のパラダイムシフトについて見ていきます。

❷子どもの心にパラダイムシフトを起こす

　道徳の授業中、子どもはとても素直な反応をします。授業中に何か心に響いたときには、子どもは思わずつぶやきます。例えば次のようにです。

　「えっ」：当たり前と思っていたことに疑問を抱いたときや思いもよらぬことだったとき
　「あっ」：新たなことに気づいたとき、既習内容がつながったとき
　「ああ」：新たな気づきが心に落ちたとき　など

　子どもの心にパラダイムシフトを起こすとは、子どもが思わずつぶやいてしまうような思いの転換を起こすことです。そうすることによって、子どもたちに印象付け、心に響く授業となるのです。

　ここでは、子どもの心にパラダイムシフトを起こす授業例を紹介します。写真や言葉等を教材とすることで、日本人のすばらしさに気づかせ、その心を自分たちも確実に引き継いでいることに気づかせる「伝統と文化の尊重、国や郷土を愛する態度」（関連項目「親切、思いやり」）に関する授業です。

発問を生かした授業例
教材名「日本の伝統や文化を引き継ぐ心」（自作教材）

○写真から読み取る日本人のすばらしさ①

　写真「非常時であっても、常に相手のことを考え、自分勝手に行動しない日本人の姿（震災時での行列等）」を提示します。これらの写真を掲示後、外国の人がこの様子を称賛していることを伝え、このような行動のできる日本人をどう思うかを発問します。

○言葉から読み取る日本人のすばらしさ②

　「いただきます」「ごちそうさま（御馳走様）」の意味が、どちらも感謝の気持ちを表す言葉であることに気づかせます。そして、日本独自の考え方であることを理解させ、このような言葉をもつ日本人をどう思うかを発問します。

○写真やデータから読み取る日本人のすばらしさ③

　写真「サッカーワールドカップの試合終了後にゴミ拾いをしているもの」、データ「世界で一番きれいな観光地に東京が選ばれたこと」「教室を自分たちが掃除する国は日本を含め３５％くらいしかないこと」これらを示し、町や自分たちの使ったところをきれいにする日本人をどう思うかを発問します。

○上記①②③の発問に対する子どもの発言（抜粋）④

　（日本人って）「すごい」「礼儀正しい」「きれい好き」「周りの人のことを考えている」等

○自分たちも引き継いでいる日本人が大切にしてきた心

　①②③に共通する日本人が大切にしてきた心として「おもてなし」を紹介し、日常当たり前のように「列を乱さず並んでいること」「いただきます、ごちそうさまを言っていること」「掃除をしっかりとやっていること」を行っている自分たちの姿を写真を使って気づかせます。そして④の発言はそのまますべて自分たち自身に向けられた言葉であると伝えます。

　最後に**「新しい発見があったか。あったとすればそれは何か」**を問うことで、日本人、そして自分自身のすばらしさを改めて実感させ、日本人としての誇りを感じ取らせます。

【授業板書】

（樋口陽一郎）

【執筆者紹介】（執筆順）

永田　繁雄	東京学芸大学
木原　一彰	鳥取県鳥取市立世紀小学校
和井内良樹	宇都宮大学
小野　勇一	大分県教育庁竹田教育事務所
川崎美穂子	福島県いわき市立江名小学校
北川　沙織	愛知県名古屋市立小坂小学校
幸阪　創平	東京学芸大学附属竹早小学校
谷口　雄一	摂南大学
赤松　聖則	愛媛県松山市立垣生小学校
有松　浩司	広島県竹原市立吉名学園
古見　豪基	埼玉県和光市立第五小学校
權田　愛香	長野県飯田市立伊賀良小学校
川口　　陽	大分県中津市教育委員会
竹井　秀文	愛知県名古屋市立楠小学校
土田　暢也	新潟県阿賀野市教育委員会
山田　　誠	筑波大学附属小学校
庭野　優子	新しい道徳教育を考える会
上地　　豪	沖縄県那覇市立安謝小学校
樋口陽一郎	福岡県芦屋町立芦屋東小学校

【編者紹介】

『道徳教育』編集部（どうとくきょういくへんしゅうぶ）

『道徳教育』PLUS
考え、議論する道徳をつくる新発問パターン大全集

| 2019年9月初版第1刷刊 | ©編 者 『道徳教育』編集部 |
| 2025年5月初版第8刷刊 | |

発行者 藤 原 光 政
発行所 明治図書出版株式会社
　　　　http://www.meijitosho.co.jp
（企画）茅野 現（校正）宮森由紀子
〒114-0023　東京都北区滝野川7-46-1
振替00160-5-151318　電話03(5907)6701
ご注文窓口　電話03(5907)6668

＊検印省略　　組版所 中 央 美 版

本書の無断コピーは、著作権・出版権にふれます。ご注意ください。

Printed in Japan　　ISBN978-4-18-336012-0
もれなくクーポンがもらえる！読者アンケートはこちらから
→

300以上の文例の中から，必ずピッタリの文例が見つかる！

「特別の教科 道徳」の通知表文例
—NG文例ガイド付

小学校

『道徳教育』編集部 編

図書番号：2961

中学校

田沼 茂紀 編著

図書番号：2962

B5判／128頁　定価各2,060円+税

「特別の教科　道徳」となり，通知表の所見欄に道徳の評価を記入する学校が増えました。本書では，評価の基本的な考え方を踏まえた所見文例を300以上掲載しています。また，やってはいけないNG文例も収録し，ポイントを押さえた所見づくりにすぐ活用可能です。

明治図書　携帯・スマートフォンからは **明治図書ONLINE へ** 書籍の検索、注文ができます。▶▶▶

http://www.meijitosho.co.jp　＊併記4桁の図書番号（英数字）でHP、携帯での検索・注文が簡単に行えます。

〒114-0023　東京都北区滝野川7-46-1　ご注文窓口　TEL 03-5907-6668　FAX 050-3156-2790

板書&指導案でよくわかる！
中学校の道徳授業
35時間のすべて
（1年〜3年）

京都産業大学
柴原 弘志 編著

「特別の教科　道徳」が全面実施となり、教科書での授業が始まる中学校道徳の授業をフルサポートする1冊です。各社の新教科書に掲載されている教材を用いた授業事例を指導案＆板書とともに各学年35本収録。1〜3学期で使える通知表記入文例付でお届けします。

各176ページ／B5判／2,600円+税／図書番号：3811〜3813

小学校道徳
指導スキル
大全

東京学芸大学
永田 繁雄 編著

教材研究、導入、教材提示、発問、板書、話し合い構築、書く活動、振り返り、評価、ＩＣＴ活用、予想外への対応等、授業力アップのための必須スキルを70本収録。指導に困ったときも、ステップアップしたいときも、今欲しい情報がすべて詰まった1冊です！

168ページ／A5判／2,060円+税／図書番号：3930

明治図書　携帯・スマートフォンからは **明治図書ONLINE** へ　書籍の検索、注文ができます。　▶▶▶
http://www.meijitosho.co.jp　＊併記4桁の図書番号（英数字）でHP、携帯での検索・注文が簡単に行えます。
〒114-0023　東京都北区滝野川7-46-1　ご注文窓口　TEL 03-5907-6668　FAX 050-3156-2790

＊価格は全て本体価格表示です。

多様なアプローチで「考え、議論する」道徳に変える

道徳科授業サポートBOOKS

考え，議論する道徳科授業の新しいアプローチ 10

諸富　祥彦　編著

- ●A5判　●168頁　●本体2,260円+税　●図書番号1608

教科化された道徳では、読み物教材を使って心情を考えるだけではなく、より一層多様なアプローチが求められています。本書では「問題解決型道徳」「『学び合い』道徳」など、10のアプローチを提案。研究に裏付けられた理論とそれに基づく実践のセットで紹介。

新教科書を徹底解説！新教材を使った授業づくりにも対応！

小学校

特別の教科　道徳 新教科書の授業プラン

『道徳教育』編集部　編

- ●B5判　●120頁　●本体2,000円+税　●図書番号4317

50年以上続く道徳教育の歴史で初めてできた教科書。その新教科書、全8社の注目すべき活用ポイントを徹底解説するとともに、新教科書掲載の教材を用いた授業実践も抱負に掲載しました。教科化された道徳の授業をフルサポートする1冊です！

明治図書　携帯・スマートフォンからは **明治図書 ONLINE** へ　書籍の検索、注文ができます。　▶▶▶

http://www.meijitosho.co.jp　＊併記4桁の図書番号（英数字）でHP、携帯での検索・注文が簡単に行えます。

〒114-0023　東京都北区滝野川7-46-1　ご注文窓口　TEL 03-5907-6668　FAX 050-3156-2790